道路运输驾驶员从业资格系列教材

U0688043

道路货物运输驾驶员
从业资格培训教材

北京中德安驾科技发展有限公司　编写

交通运输部公路科学研究院　审定

文泉云盘
防盗码

刮开涂层，使用微信扫码，即可免费在线答题。
注意：本书使用"一书一码"版权保护技术，该二维
码仅可扫描并绑定一次。

北京交通大学出版社

·北京·

内 容 简 介

本教材依据2020年《道路货物运输驾驶员培训教学大纲》和从业管理相关规定编写，是道路货物运输驾驶员从业资格培训及结业考核专用教材。本教材除适用于道路货物运输驾驶员从业资格培训外，也可作为货运场站、货物运输企业和物流公司等相关企业员工入职教育和在岗继续教育培训手册使用。

图书在版编目（CIP）数据

道路货物运输驾驶员从业资格培训教材 ／ 北京中德安驾科技发展有限公司编写. — 北京：北京交通大学出版社，2021.6

ISBN 978-7-5121-4465-1

Ⅰ．①道… Ⅱ．①北… Ⅲ．①公路运输－货物运输－资格考试－教材 Ⅳ．①U471.3

中国版本图书馆CIP数据核字（2021）第098089号

道路货物运输驾驶员从业资格培训教材
DAOLU HUOWU YUNSHU JIASHIYUAN CONGYE ZIGE PEIXUN JIAOCAI

责任编辑：严慧明

出版发行：北京交通大学出版社　　　电话：010-51686414　　http://www.bjtup.com.cn

销售电话：010-62062087　13501036721　13910509305

印　刷　者：北京金吉士印刷有限责任公司

开　本：185 mm×260 mm　　印张：4.25　　字数：107千字

版　印　次：2021年6月第1版　　2021年6月第1次印刷

印　数：1～5 000册　　定价：35.00元

本书如有质量问题，请向北京交通大学出版社质监组反映。对您的意见和批评，我们表示欢迎和感谢。

投诉电话：010-51686043，51686008；传真：010-62225406；E-mail：press@bjtu.edu.cn。

前　　言

道路运输是现代综合运输体系的基础，是国民经济的重要产业，也是重要的服务行业，在支撑国家总体发展战略、保障经济和社会发展、促进产业结构调整、搞活贸易流通、服务百姓民生及应急救援保障等方面发挥着不可或缺、不可替代的基础性作用。全国道路运输驾驶员已超过1800万，形成了一支数量庞大、具备一定专业技能的驾驶员队伍。

为贯彻落实《国务院办公厅关于进一步优化营商环境更好服务市场主体的实施意见》（国办发〔2020〕24号）关于推动取消除道路危险货物运输以外的道路货物运输驾驶员从业资格考试的部署要求，方便道路货物运输驾驶员从业、就业、择业，交通运输部印发了《交通运输部办公厅关于做好道路货物运输驾驶员从业资格考试制度改革有关工作的通知》（交办运〔2020〕66号），要求对申领道路货物运输驾驶员从业资格证件的学员，严格按照《道路货物运输驾驶员培训教学大纲》开展培训，实现学员"一次报名、一次培训、一次考核"。

为有效指导道路货物运输驾驶员（以下简称驾驶员）从业资格培训、结业考核，促进驾驶员掌握从业所需专业知识和职业技能，胜任道路运输服务工作，根据《交通运输部办公厅关于做好道路货物运输驾驶员从业资格考试制度改革有关工作的通知》和《道路货物运输驾驶员培训教学大纲》，我们编写了这本教材。

本教材共八章，根据新大纲规定的学时时长（7个学时）合理编排学习内容。其表述形式通俗易懂，图文并茂，专业知识讲授结合考题讲解，具有较强的可读性、针对性和实用性。

读者使用手机扫一扫书中二维码，即可免费获取培训教学大纲、最新法律法规、实操教学视频、考题讲解等教材配套电子资源，增长知识的同时还能轻松应对结业考核。

本教材适用于有志从事道路货物运输行业的驾驶员学习使用，是驾驶员参加道路运输从业资格培训、结业考核的基础规范教材。希望本教材能够帮助大家顺利通过结业考核，开启人生一段全新的旅程。

编写组

2021年5月

编写组

编写人员：赵　侃、盛　颖、陈凌飞、张科婧
美　　编：杨媛媛

教材编写说明

　　本教材共八章，适用于道路货物运输驾驶员参加结业考核、申领从业资格证使用。

　　本教材包含最新的道路货物运输相关法律法规、道路货物运输安全、应急处置、道路货物运输知识等内容，是道路货物运输驾驶员从业资格培训及结业考核专用教材。本教材依据《交通运输部办公厅关于做好道路货物运输驾驶员从业资格考试制度改革有关工作的通知》和《道路货物运输驾驶员培训教学大纲》编写，除适用于道路货物运输驾驶员从业资格培训外，也可作为货运场站、货物运输企业和物流公司等相关企业员工入职教育和在岗继续教育培训手册使用。

名词术语与通俗叫法、计量单位名称与符号

　　本教材为了规范语言文字与计量单位的使用，名词术语和计量单位全部使用国家规定的规范用语。为方便读者理解，下面列出了几种常见规范术语与通俗叫法、计量单位名称与符号的对照关系。

规 范 术 语	通 俗 叫 法	计量单位名称	符　　号
转向盘	方向盘	千米（公里）	km
制动	刹车	米	m
制动踏板	脚刹、刹车踏板	厘米	cm
加速踏板	油门、油门踏板	毫米	mm
前照灯	大灯、前大灯	[小]时	h
刮水器	雨刮器、雨刮、雨刷	分	min
点火开关	钥匙门	秒	s
驻车制动器	手刹、手制动器	吨	t
		千克（公斤）	kg
		升	L
		牛[顿]	N
		千帕	kPa
		千米每[小]时	km/h
		转每分	r/min

第一章

道路货物运输相关法律法规

道路货物运输驾驶员应掌握与道路货物运输相关的法律法规的内容，做到知法、懂法，守法经营，且能依据法律法规有效维护自己的合法权益。

第一节 | 《中华人民共和国安全生产法》相关规定

《中华人民共和国安全生产法》制定的目的是加强安全生产监督管理，防止和减少生产安全事故，保障人民群众生命和财产安全，促进经济发展。其规定的安全生产管理方针是"安全第一、预防为主"。

一、安全生产权利

道路货物运输驾驶员依法享有安全生产和人身安全的最基本的权利。具体见下表。

道路货物运输驾驶员安全生产权利

具 体 权 利	相 关 说 明
劳动合同保障权	道路运输企业与驾驶员订立劳动合同，应当载明有关保障驾驶员劳动安全、防止职业危害的事项，以及依法为驾驶员办理工伤保险的事项。不得以任何形式与驾驶员订立协议，免除或减轻其对驾驶员因生产安全事故伤亡依法承担的责任
危险、有害因素的知情权、建议权	驾驶员有权了解其工作岗位存在的危险因素、防范措施及事故应急措施，有权对企业的安全生产工作提出建议
批评、检举、控告权	驾驶员有权对安全生产工作中存在的问题提出批评、检举、控告。道路运输企业不得因此而降低其工资、福利等待遇，或者解除与其订立的劳动合同
违章指挥、强令冒险运营的拒绝权	驾驶员对所属企业违反法规、强制性国家标准和安全生产规章制度的指挥、指令及强令冒险运营等，有权拒绝执行
紧急情况下停止运营的紧急避险权	当驾驶员发现直接危及人身安全的紧急情况时，有权停止运营，并在采取可能的应急防范措施后从现场撤离
事故人身伤害赔偿权	因生产安全事故受到损害的驾驶员，除依法享有工伤社会保险外，依照民事法律尚有获得赔偿的权利，有权向所属企业提出赔偿要求

具 体 权 利	相 关 说 明
获得符合标准的劳动防护用品的权利	道路运输企业必须为驾驶员提供符合国家标准或行业标准的劳动防护用品，并监督、教育驾驶员按照使用规则佩戴、使用
获得安全教育和培训的权利	道路运输企业应当对驾驶员进行安全生产教育和培训，保证驾驶员具备必要的安全生产知识，熟悉有关安全生产规章制度和操作规程，掌握本岗位的安全操作技能
申诉权	对道路运输主管部门作出的行政处罚行为不服的，有权提出申诉

二、安全生产义务

道路货物运输驾驶员依法享有安全生产权利的同时，必须承担相应的安全生产义务。具体见下表。

道路货物运输驾驶员安全生产义务

内 容	说 明
遵守企业的安全生产规章和安全行车规程	严格遵守企业的安全生产规章和安全行车规程。对于依法制定的保障安全生产的国家标准和行业标准，驾驶员必须执行
正确使用安全设施	正确使用安全带，掌握车载灭火器的使用方法，正确使用警告标志等
接受道路运输安全培训，掌握安全驾驶技能	驾驶员被道路运输企业聘用后，未参加安全生产教育和培训，不得上岗作业
发现事故隐患及时汇报或处理	当驾驶员发现本企业存在事故隐患或者其他不安全因素时，应该立即向现场安全生产管理人员、本单位负责人报告

三、法律责任

道路货物运输驾驶员不服从管理，违反安全生产规章制度或操作规程的，由生产经营单位予以批评教育，依照有关规章制度给予处分；造成重大事故，构成犯罪的，依照刑法有关规定追究刑事责任。

《生产安全事故报告和调查处理条例》根据生产安全事故造成的人员伤亡或者直接经济损失，将生产安全事故分为四个等级，具体划分标准如下：

特别重大事故：造成30人以上死亡，或者100人以上重伤（包括急性工业中毒，下同），或者1亿元以上直接经济损失的事故；

重大事故：造成10人以上30人以下死亡，或者50人以上100人以下重伤，或者5000万元以上1亿元以下直接经济损失的事故；

较大事故：造成3人以上10人以下死亡，或者10人以上50人以下重伤，或者1000万元以上5000万元以下直接经济损失的事故；

一般事故：造成3人以下死亡，或者10人以下重伤，或者1000万元以下直接经济损失的事故。

| 第二节 | 《中华人民共和国劳动法》和《中华人民共和国劳动合同法》相关规定 |

《中华人民共和国劳动法》（以下简称《劳动法》）和《中华人民共和国劳动合同法》（以下简称《劳动合同法》）的建立是为了保护劳动者的合法权益，明确劳动合同双方当事人的权利和义务。道路货物运输驾驶员应了解《劳动法》和《劳动合同法》的规定，熟知自身的权利和义务，保障合法权益不受侵害。

一、从业人员在劳动生产方面应有的权利、应尽的义务

道路货物运输驾驶员享有取得劳动报酬、获得劳动安全卫生保护、接受职业技能培训、享受社会保险和福利等劳动权利。道路货物运输驾驶员可依法行使安全生产权利，拒绝企业管理人员违章指挥、强令冒险作业。

当道路货物运输驾驶员发现直接危及人身安全的紧急情况时，有权在采取可能的应急措施后撤离车辆。道路货物运输驾驶员因生产安全事故受到损害，可依法享有工伤保险。发现事故隐患后，道路货物运输驾驶员应及时向本企业安全生产管理人员报告。

道路货物运输驾驶员应该履行完成劳动任务、提高职业技能、执行劳动安全卫生规程、遵守劳动纪律和职业道德等劳动义务。

二、劳动合同的订立、履行、变更、解除和终止

劳动合同是劳动者与用人单位确立劳动关系、明确双方权利和义务的协议。道路货物运输驾驶员与道路运输企业建立劳动关系时，应订立劳动合同。劳动合同从依法订立时起便具有法律约束力。

劳动报酬和社会保险、工作时间和休息休假、工作内容和工作地点、劳动保护、劳动条件和职业危害防护等属于劳动合同的必备条款。道路货物运输驾驶员在与运输企业订立劳动合同时，应该确认载明防止职业危害、保障劳动安全、办理工伤保险等事项。

违反法律、行政法规的劳动合同，采取欺诈、威胁手段订立的劳动合同都是无效的。道路货物运输驾驶员在与道路运输企业发生劳动争议时，应该通过依法申请调解、仲裁、提起诉讼、协商等途径解决。

订立和变更劳动合同应该遵循平等自愿、协商一致的原则，不得违反法律、行政法规的规定。若道路货物运输驾驶员在劳动合同中发现"发生交通事故，个人承担责任"的条款，根据《中华人民共和国安全生产法》，该合同无效。

??? 思考题

1.道路运输驾驶员去某道路运输企业应聘，企业要求上交身份证，待入职之日归还，如何评价这种行为？（提示：企业行为违反《劳动合同法》）

2.道路运输驾驶员去某道路运输企业应聘，企业要求收取500元的入职培训费，如何评价这种行为？（提示：企业行为违反《劳动合同法》）

一般情况下，道路货物运输驾驶员解除劳动合同时应该提前30日以书面形式通知道路运输企业。驾驶员因工负伤被确认部分丧失劳动能力，驾驶员患病、在规定的医疗期内，运输企业不能解除与驾驶员的劳动合同。

出现企业未按劳动合同约定提供劳动保护、企业未及时足额支付劳动报酬、企业未依法为驾驶员缴纳社会保险费、企业规章制度违反法律法规及损害驾驶员权益等情形时，道路货物运输驾驶员可以解除劳动合同。

变更劳动合同时应该采用书面形式。出现劳动合同期满、驾驶员依法享受基本养老保险待遇、企业被依法宣告破产、企业被吊销营业执照、企业被责令关闭、企业被撤销等情形时，劳动合同终止。

三、运输企业所承担的法律责任

运输企业和驾驶员都必须履行劳动合同规定的义务。运输企业应该对低于当地最低工资标准支付驾驶员工资、无正当理由辞退驾驶员后未按规定给予经济补偿、未向驾驶员提供必要的劳动防护用品等违反《劳动法》的行为承担法律责任。

第三节 《中华人民共和国反恐怖主义法》相关规定

《中华人民共和国反恐怖主义法》的建立是为了防范和惩治恐怖活动，加强反恐怖主义工作，维护国家安全、公共安全和人民生命财产安全。道路货物运输驾驶员应熟知《中华人民共和国反恐怖主义法》的相关条款，确保运输安全。

一、从业人员应对恐怖事件应尽的义务及所承担的法律责任

道路货物运输驾驶员有协助、配合有关部门开展反恐怖主义工作的义务，当发现恐怖活动嫌疑或者恐怖活动嫌疑人员时，应当及时向公安机关或者有关部门报告。

道路货物运输驾驶员应阅读并熟知企业的应急预案和应急演练组织办法。

二、安全查验、运输追踪监控等相关规定

道路货物运输企业应该实行安全查验制度，对客户身份进行查验，依照规定对货物进行安全检查或者开封验视。对法律法规禁止运输、存在重大安全隐患、客户拒绝安全查验的货物，不得运输。

道路运输企业应当依照规定对运营中的危险化学品、民用爆炸物品、核与放射物品的运输工具通过定位系统实行监控。

三、恐怖事件的安全防范与应对处置

道路货物运输驾驶员应该遵循保持冷静、安全第一，小心谨慎、仔细应对，见机行事、及时报警，做好记录、保护现场等原则应对恐怖事件。

道路货物运输驾驶员遇到恐怖事件后，应记住恐怖分子的显著特征、找机会发出求援信息、时刻做好防范准备，切忌鲁莽地与恐怖分子进行搏斗。道路货物运输驾驶员遇到恐怖事件报警时，应该提供受困人员详细信息、恐怖分子详细信息、可依靠的有利条件等信息。

《中华人民共和国道路运输条例》是为了维护道路运输市场秩序，保障道路运输安全，保护道路运输有关各方当事人的合法权益，促进道路运输业的健康发展而制定的法规。

从事道路运输经营及道路运输相关业务，应当依法经营，诚实守信，公平竞争。道路运输管理应当公平、公正、公开和便民。国家鼓励道路运输经营者实行规模化、集约化经营，任何单位和个人不得封锁或者垄断道路运输市场。

国务院交通主管部门主管全国道路运输管理工作。县级以上地方人民政府交通主管部门负责组织领导本行政区域的道路运输管理工作。县级以上道路运输管理机构负责具体实施道路运输管理工作。

1. 道路运输经营许可

申请从事道路货物运输经营的，应该具备与经营业务适应并经检测合格的车辆、符合规定条件的驾驶员、健全的安全生产管理制度等条件。

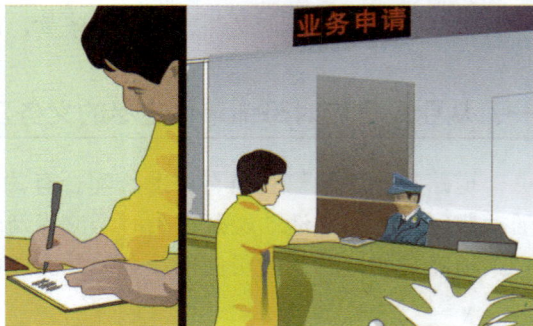

2. 经营管理

（1）为确保道路运输安全，道路运输经营者要加强对从业人员安全教育、职业道德等方面的培训。

（2）道路运输经营者应确保投入营运的车辆符合国家规定的技术标准，不得使用报废的、擅自改装的、不符合国家规定的车辆。

（3）国家鼓励货运经营者实行封闭式运输，保证环境卫生和货物运输安全。遇到法律、行政法规禁止运输的货物时，应该拒绝运输。遇到法律、行政法规规定必须办理有关手续后方可运输的货物时，应该查验有关手续后运输。货车应该规范装载，装载物不可触地拖行。

（4）驾驶员进行道路运输时应随车携带道路运输证。道路运输证不得出租、转让、伪造、注销。驾驶员应该遵守道路运输操作规程，不得违章作业。驾驶员违反《中华人民共和国道路运输条例》相关规定，会受到罚款、没收违法所得、吊销许可证件等处罚。

3. 应急处置

道路运输经营者应该针对突发事件、交通事故、自然灾害制订应急预案。制订的应急预案除包括报告程序、应急指挥外，还应当包括应急车辆、设备储备、人员安排等。

在发生交通事故、自然灾害及其他突发事件时，道路运输经营者要服从县级以上人民政府的统一调度、指挥。

4. 国际道路运输经营规定

（1）申请从事国际道路运输经营的，应该具备下列条件：依法取得国内道路运输经营许可证；在国内从事道路运输经营满3年，且未发生重大以上道路交通责任事故。

（2）申请从事国际道路运输的，应当向省、自治区、直辖市道路运输管理机构提出申请并提交相关材料。省、自治区、直辖市道路运输管理机构自受理申请之日起20日内审查完毕，作出批准或者不予批准的决定。予以批准的，向国务院交通运输主管部门备案；不予批准的，向当事人说明理由。

（3）国际道路运输经营者应当持批准文件依法向有关部门办理相关手续。

（4）中国国际道路运输经营者应当在其投入运输车辆的显著位置，标明中国国籍识别标志。

（5）外国国际道路运输经营者的车辆在中国境内运输，应当标明本国国籍识别标志，并按照规定的运输线路行驶；不得擅自改变运输线路，不得从事起止地都在中国境内的道路运输经营。

（6）外国国际道路运输经营者经国务院交通运输主管部门批准，可以依法在中国境内设立常驻代表机构。常驻代表机构不得从事经营活动。

| 第五节 | 《公路安全保护条例》和《超限运输车辆行驶公路管理规定》相关规定 |

《公路安全保护条例》和《超限运输车辆行驶公路管理规定》的建立是为了加强公路保护，保障公路完好、安全和畅通，加强超限运输车辆行驶公路管理，保障公路设施和人民生命财产安全。道路货物运输驾驶员应熟知相关条款，确保依法、依规运输。

一、超限运输有关规定及货物装载有关要求

道路货物运输经营者承运外廓尺寸超过公路限宽、限长标准的不可解体货物时，应该向交通运输管理部门申请公路超限运输许可。

道路货物运输驾驶员进行超限运输时，应当依法申请取得公路超限运输许可，随车携带"超限运输车辆通行证"，按照指定的时间、路线和速度行驶，并按照有关要求在车上悬挂明显标志。

听从统一指挥

大件运输车辆及装载物品的有关情况应与"超限运输车辆通行证"记载的内容一致。运输不可解体物品需要改装车辆时，应该由具有资质的车辆生产企业按照规定的车型和技术参数进行改装。超限运输车辆需要在公路上临时停车时，应该在车辆周边设置警告标志，并采取相应的安全防范措施。

二、大件运输许可、车辆和行驶公路相关规定

在公路、公路桥梁或者公路隧道行驶的车辆受到限载、限高、限宽、限长的限制。

根据《超限运输车辆行驶公路管理规定》，车货总高度从地面算起超过4 m的货车是超限运输车辆，车货总宽度超过2.55 m的货车是超限运输车辆。

大件运输车辆通行公路桥梁时，应当匀速居中行驶。进行超限运输需要对道路进行加固、改造时，所需费用由承运人承担。大件运输车辆需要较长时间停车时，应驶离公路，在附近安全区域停车。

道路货物运输驾驶员应按照指引接受超限检测，不得出现故意堵塞固定超限检测站点通行车道、强行通过固定超限检测站点、以短途驳载等方式逃避超限检测的行为。

道路货物运输驾驶员在运输中发现货物掉落、遗洒或者飘散时，若能处理，应及时采取措施处理，不能处理时，应按规定设置警示标志，迅速报告有关部门。

同一车辆短期内多次通行固定路线，装载方式、装载物品相同，不需要采取加固、改造措施的，承运人可以申请办理长期（不超过6个月）"超限运输车辆通行证"。

思考题

当装载物易掉落、遗洒或者飘散时，下面哪种车辆更适合用来运输？（提示：A车）

A　　　　　　　B　　　　　　　C

三、驾驶员违法行为所应承担的责任

申请公路超限运输许可时，隐瞒有关情况或者提供虚假材料，1年内不准申请公路超限运输许可。道路货物运输驾驶员进行超限运输时未随车携带"超限运输车辆通行证"，将被公路管理机构扣留车辆。道路货物运输驾驶员使用伪造、变造的"超限运输车辆通行证"，由公路管理机构没收伪造、变造的"超限运输车辆通行证"，并处以罚款。

大件运输车辆有未经许可擅自在公路上行驶，车辆及装载物品与"超限运输车辆通行证"记载不一致，未按许可的时间、路线、速度行驶，未按许可的护送方案采取护送措施行为的，视为违法超限运输。道路货物运输驾驶员一年内违法超限运输超过3次，将被责令停止从事营业性运输。

接受检查

第六节 | 《道路运输车辆技术管理规定》相关规定

道路运输车辆技术等级应当达到二级以上。危货运输车、国际道路运输车辆的技术等级应当达到一级。货车的外廓尺寸、轴荷和最大允许总质量应该符合《汽车、挂车及汽车列车外廓尺寸、轴荷及质量限值》（GB 1589－2016）的要求。货车必须装备的安全防护装置包括三角警告牌、车身反光标识、灭火器。货车和挂车应在后部、侧面设置符合要求的车身反光标识。

车辆日常维护由驾驶员负责实施。车辆一级维护和车辆二级维护由运输企业组织实施。道路运输经营者可以对自有车辆进行二级维护作业，保证投入运营的车辆符合技术管理要求，无须进行二级维护竣工质量检测。车辆维护周期由运输企业结合车辆类别、车辆运行状况、行驶里程、道路条件、使用年限等因素决定。

道路运输驾驶员不得擅自改变已获得道路运输证车辆的结构和特征。普通货车自首次取得"道路运输证"当月起，每隔12个月进行一次综合性能检测和技术等级评定。

车辆技术档案应该包括车辆基本信息、技术等级评定记录、维护和修理记录、主要零部件更换记录、车辆变更记录、行驶里程数据、对车辆造成损伤的交通事故记录等内容。车辆所有权转移、转籍时，车辆技术档案应随车移交。

擅自将客车改为货车、擅自更改车身颜色、擅自改变车辆外廓尺寸的行为，属于非法改装道路运输车辆。非法改装道路运输车辆会破坏车辆结构和性能，增大行车危险性，造成运输市场的不公平竞争，破坏道路基础设施，污染环境。

车辆技术状况未达到《机动车安全技术

检验项目和方法》（GB 38900—2020）的要求，未按照规定的周期和频次进行车辆综合性能检测和技术等级评定，未建立道路运输车辆技术档案或者档案不符合规定，未做好车辆维护记录的行为违反了《道路运输车辆技术管理规定》，应当承担法律责任。

第七节　《道路运输从业人员管理规定》和《道路货物运输及站场管理规定》相关规定

《道路运输从业人员管理规定》和《道路货物运输及站场管理规定》对驾驶员从业资格申请程序、条件、考试及证件使用，驾驶员从业行为规范，驾驶员诚信考核、继续教育，道路运输经营进行了明确规定。

一、《道路运输从业人员管理规定》相关规定

交通运输部负责全国道路运输从业人员管理工作。县级以上地方人民政府交通运输主管部门负责组织领导本行政区域内的道路运输从业人员管理工作。县级以上道路运输管理机构具体负责本行政区域内经营性道路运输驾驶员的管理工作。

1. 从业条件

经营性道路货物运输驾驶员应当符合下列条件：取得相应的机动车驾驶证；年龄不超过60周岁；3年内无重大以上交通责任事故和交通违法记满12分记录；掌握相关道路货物运输法规、机动车维修和货物装载保管基本知识；经考试合格，取得相应的从业资格证件。（普货驾驶员从业资格考试已取消，改为结业考核，但相关法规还未修订。）

2. 从业资格考试

国家对道路运输从业人员实行从业资格考试制度。经营性道路客货运输驾驶员和道路危险货物运输从业人员只有取得相应的从业资格，方可从事相应的道路运输活动。道路运输从业人员从业资格考试应当按照交通运输部编制的考试大纲、考试题库、考核标准、考试工作规范和程序组织实施。经营性道路客货运输驾驶员从业资格考试由设区的市级道路运输管理机构组织实施。

申请参加经营性道路运输驾驶员从业资格考试的人员，应当向其户籍地或者暂住地设区的市级道路运输管理机构提出申请，填写"经营性道路客货运输驾驶员从业资格考试申请表"，并提供下列材料：身份证明及复印件；机动车驾驶证及复印件；公安机关交通管理部门出具的3年内无重大以上交通责任事故和交通违法记满12分记录的证明。

（1）交通运输主管部门和道路运输管理机构对符合申请条件的申请人应当安排考试。

（2）交通运输主管部门和道路运输管理机构应当在考试结束10日内公布考试成绩。对考试合格人员，应当自公布考试成绩之日起10日内颁发相应的道路运输从业人员从业资格证件。

（3）道路运输从业人员从业资格考试成绩有效期为1年，考试成绩逾期作废。

（4）申请人在从业资格考试中有舞弊行为的，取消当次考试资格，考试成绩无效。

3. 从业资格证件管理

（1）经营性道路客货运输驾驶员经考试合格后，取得从业资格证件。

（2）经营性道路客货运输驾驶员从业资格证件由设区的市级道路运输管理机构发放和管理。

（3）道路运输从业人员从业资格证件全国通用。

（4）已获得从业资格证件的人员需要增加相应从业资格类别的，应当向原发证机关提出申请，并按照规定参加相应的培训和考试。

（5）道路运输从业人员从业资格证件由交通运输部统一印制并编号。

（6）道路运输从业人员从业资格证件有效期为6年。道路运输从业人员应当在从业资格证件有效期届满30日前到原发证机关办理换证手续。

（7）道路运输从业人员从业资格证件遗失、毁损的，应当到原发证机关办理证件补发手续。

（8）道路运输从业人员服务单位变更的，应当到交通运输主管部门或者道路运输管理机构办理从业资格证件变更手续。

（9）道路运输从业人员从业资格档案应当由原发证机关在变更手续办结后30日内移交户籍迁入地或者现居住地的交通运输主管部门或者道路运输管理机构。

（10）道路运输从业人员办理换证、补证和变更手续，应当填写"道路运输从业人员从业资格证件换发、补发、变更登记表"。

（11）交通运输主管部门和道路运输管理机构应当对符合要求的从业资格证件换发、补发、变更申请予以办理。

（12）申请人违反相关从业资格管理规定且尚未接受处罚的，受理机关应当在其接受处罚后换发、补发、变更相应的从业资格证件。

（13）经营性道路客货运输驾驶员在发证机关所在地以外从业，且从业时间超过3

个月的，应当到服务地管理部门备案。

（14）道路运输从业人员有下列情形之一的，由发证机关注销其从业资格证件：持证人死亡的；持证人申请注销的；年龄超过60周岁的；机动车驾驶证被注销或者被吊销的；超过从业资格证件有效期180日未申请换证的。凡被注销的从业资格证件，应当由发证机关予以收回，公告作废并登记归档；无法收回的，从业资格证件自行作废。

4. 从业行为规定

交通运输主管部门和道路运输管理机构应当将道路运输从业人员的违章行为记录在"道路运输从业人员从业资格证"的违章记录栏内，并通报发证机关。发证机关应当将该记录作为道路运输从业人员诚信考核和计分考核的依据。

（1）经营性道路客货运输驾驶员应当在从业资格证件许可的范围内从事道路运输活动。

（2）道路运输从业人员在从事道路运输活动时，应当携带相应的从业资格证件，并应当遵守国家相关法规和道路运输安全操作规程，不得违法经营、违章作业。

（3）道路运输从业人员应当按照规定参加国家相关法规、职业道德及业务知识培训。

（4）经营性道路客货运输驾驶员不得超限、超载运输，连续驾驶时间不得超过4h。

（5）经营性道路货物运输驾驶员应当采取必要措施防止货物脱落、扬撒等。严禁驾驶道路货物运输车辆从事经营性道路旅客运输活动。

5. 法律责任

（1）经营性道路客货运输驾驶员有下列行为之一的，由县级以上道路运输管理机构责令改正，处200元以上2000元以下的罚款；构成犯罪的，依法追究刑事责任：

①未取得相应从业资格证件，驾驶道路客货运输车辆的；

②使用失效、伪造、变造的从业资格证件，驾驶道路客货运输车辆的；

③超越从业资格证件核定范围，驾驶道路客货运输车辆的。

（2）经营性道路客货运输驾驶员有下列情形之一的，由发证机关吊销其从业资格证件：

①身体健康状况不符合有关机动车驾驶和相关从业要求且没有主动申请注销从业资格的；

②发生重大以上交通事故，且负主要责任的；

③发现重大事故隐患，不立即采取消除措施，继续作业的。

被吊销的从业资格证件应当由发证机关公告作废并登记归档。

6. 驾驶员诚信考核

诚信考核的目的是加强道路运输驾驶员动态管理，推进道路运输驾驶员诚信体系建设，引导道路运输驾驶员依法经营，诚实守信。鼓励道路运输驾驶员自觉遵守国家相关法律、行政法规及规章，诚实守信，文明从业，履行社会责任，为社会提供安全、优质的运输服务。

（1）道路运输驾驶员诚信考核等级分为优良、合格、基本合格和不合格，分别用AAA级、AA级、A级和B级表示。道路运输驾驶员诚信考核内容包括：

①安全生产情况：安全生产责任事故情况；

②遵守法规情况：违反道路运输相关法律、行政法规、规章的有关情况；

③服务质量情况：服务质量事件和有责投诉的有关情况。

（2）道路运输驾驶员诚信考核实行计分制，满分为20分，考核周期为12个月，从道路运输驾驶员初次领取从业资格证件之日起计算。一个考核周期届满，经签注诚信考核等级后，该考核周期内的计分予以清除，不转入下一个考核周期。道路运输驾驶员在考核周期内累计计分达到20分的，应当在计满20分之日起15日内，到档案所在地有培训资格的机构，接受不少于18个学时的道路运输法规、职业道德和安全知识的继续教育。继续教育结束后，道路运输驾驶员凭继续教育合格证明到设区的市级道路运输管理机构办理清除计分手续。

（3）道路运输驾驶员诚信考核等级，由道路运输管理机构按照以下标准进行评定。

道路运输驾驶员诚信考核等级评定标准

应具备的条件	等　级
• 上一考核周期的诚信考核等级为AA级及以上； • 考核周期内累计计分分值为0分	AAA
• 未达到AAA级的考核条件； • 上一考核周期的诚信考核等级为A级及以上； • 考核周期内累计计分分值未达到10分	AA
• 未达到AA级的考核条件； • 考核周期内累计计分分值未达到20分	A
考核周期内累计计分有20分及以上记录	B

（4）道路运输经营者应当加强对诚信考核等级为B级的道路运输驾驶员的教育和管理。对存在重大安全隐患的，应当及时将其调离驾驶员工作岗位。道路运输驾驶员有下列情形之一的，道路运输管理机构应当将其列入黑名单，并向社会公告：

①在考核周期内累计计分达到20分，且未按照规定参加继续教育培训的；

②无正当理由超过规定时间，未签注诚信考核等级的；

③从业资格证件被吊销的。

二、《道路货物运输及站场管理规定》相关规定

根据《道路货物运输及站场管理规定》，道路货物运输驾驶员应该接受道路运输企业组织的安全教育、职业道德教育、业务知识、操作规程等培训。

道路货物运输驾驶员运营时除了随车携带驾驶证，还要携带从业资格证、道路运输证、车辆行驶证等证件。遇春运、黄金周等客流高峰时，道路货物运输驾驶员不得驾驶货车从事经营性道路旅客运输活动。

道路货物专用运输使用的车辆或设备包括集装箱、冷藏保鲜设备、罐式容器。大件运输车辆夜间停车休息时应设置标志灯。

| 第八节 | 《危险化学品安全管理条例》和《道路危险货物运输管理规定》相关规定 |

驾驶员只有取得道路危险货物运输从业资格证，才能从事道路危险货物运输活动。未取得道路危险货物运输许可，不得从事道路危险货物运输。

日常运输中，不得将危险货物与普通货物混装运输。在未取得道路危险货物运输许可的情况下从事道路危险货物运输，将会受到罚款、有违法所得时没收违法所得、构成犯罪时追究刑事责任等处罚。

最新标准规范

第二章

汽车使用技术

　　车辆是道路货物运输的基础。良好的车辆使用状况、技术条件是保证道路货物运输安全的前提。道路货物运输驾驶员在运输时要注意维护车辆，了解常见的车辆故障现象，并及时掌握新的节能与环保技术，保证道路货物运输安全。

第一节　汽车维修基础知识

　　为使车辆保持良好的技术状况，延长车辆使用寿命，保证行车安全，道路运输企业必须定时、定期组织维护车辆。道路运输车辆维护的方针是"安全第一、预防为主"，这也是保障道路运输车辆运行安全的基本制度。

一、货物运输车辆的基本构造

　　货车一般由发动机、底盘、车身、电子设备等基本结构组成。和汽油机相比，柴油机有压缩比大、热效率高、经济性好等特点。

　　货车传动系的基本功用是将发动机发出的动力传给驱动轮。传动系应具备减速增矩、实现倒车行驶、必要时中断传动、轮间差速和轴间差速等功用。

　　离合器是货车传动系中直接与发动机连接的部件。离合器应具备保证汽车能平稳起步、保证传动系换挡时工作平顺、限制传动系承受的最大扭矩等功用。变速器能扩大发动机输出的转矩和转速的变化范围，满足货车牵引力和车速变化需要。半轴是在差速器和驱动轮之间传递动力的实心轴。

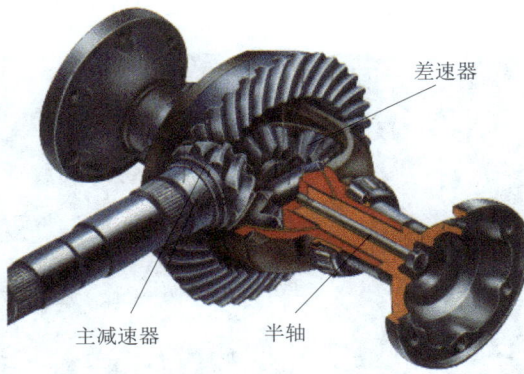

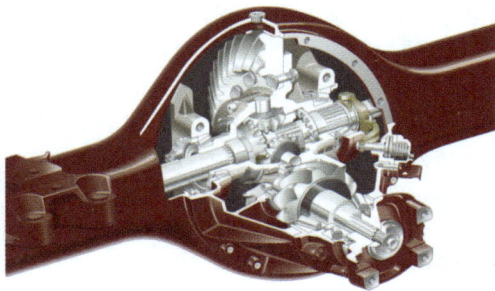

差速器

主减速器　　半轴

货车行驶系一般由车架、车桥、车轮和悬架等组成。子午线轮胎具有缓冲性能好、油耗比较低等特点。悬架一般由弹性元件、导向机构、减振器等部件组成。独立悬架用于减少不平路面上车架和车身的振动、提高汽车的平均行驶速度、提高行驶稳定性和平顺性等。

二、汽车常见故障识别与处置

正常情况下，车辆燃油报警灯亮起，原因是燃油箱储油量不足。汽车ABS报警灯亮起的原因有：轮速传感器发生故障、制动开关或制动灯故障。

发动机运转中，机油压力表显示值突然增高，说明汽车发动机机油压力过高。行车中，若发现发动机机油压力过高，应及时停熄发动机，进行诊断维修。

汽车离合器的常见故障有：离合器分离不彻底、离合器打滑、离合器发抖、离合器异响。正常的"自由行程"，不仅能防止分离轴承不正常的磨损，而且能保证离合器可靠的接合和彻底的分离。汽车离合器打滑的原因有：压盘压紧弹簧状态不良、摩擦片状态不良、离合器盖安装螺栓松旷等。

汽车发动机润滑系的常见故障有：机油压力过高、机油压力过低、机油消耗过多、无机油压力。变速器齿轮油品质下降，易造成变速器挂挡困难。后桥润滑油量不足，会造成汽车行驶时后桥过热。汽车底盘传动系的常见故障有：离合器分离不彻底、变速器跳挡、后桥异响。

汽车液压制动不良的原因有：制动液变质、不足、有杂质；制动摩擦材料磨损过量；真空助力器漏气、失效等。汽车气压制动不良的原因有：空气压缩机传动带打滑、制动踏板自由行程过大、制动管路破裂或接头松动漏气等。

三、车辆安全防护装置

道路货物运输车辆应符合国家强制标准《机动车运行安全技术条件》（GB 7258—2017）的要求。当然，这主要是车辆生产厂家应履行的法定义务。驾驶员应做好车辆的维护保养工作，确保车辆工况良好。

1. 安全带

驾驶员应正确佩戴安全带，做好安全带的维护保养工作，确保安全带可靠有效，固定点有足够的强度。

2. 前风窗玻璃刮水器

机动车的前风窗玻璃应装备刮水器，

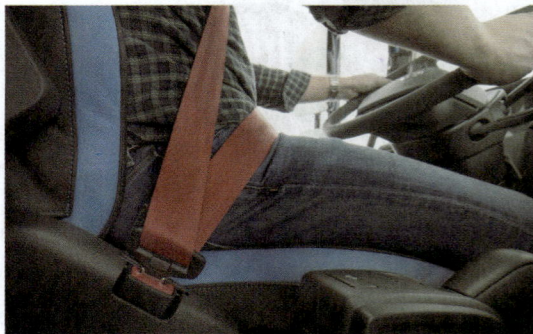

刮水器应能正常工作。刮水器关闭时，刮片应能自动返回至初始位置。

3. 间接视野装置

当汽车列车所牵引挂车的宽度超过牵引车宽度时，牵引车应加装后视镜加长架（延长支架），以保证其后视镜的视野仍满足要求。

车外后视镜和前视镜应易于调节，并能有效保持其位置。

4. 燃料系统的安全保护

燃料箱及燃料管路应坚固并固定牢靠，不会因振动和冲击而发生损坏和泄漏现象。不准许用户改动或加装燃料箱，不准许用户改动燃料管路和燃料种类。

燃料箱的加注口及通气口应保证在机动车晃动时不泄漏。

5. 气体燃料专用装置的安全防护

气体燃料车辆应安装泄漏报警装置，所有管路接头处均不应出现漏气现象。

加气量大于等于375 L的气体燃料汽车应安装导静电橡胶拖地带，拖地带导体截面积应大于等于100 mm²，且拖地带接地端无论空、满载应始终接地。

6. 货车的特殊要求

货车货箱（自卸车、装载质量1 000 kg以下的货车除外）前部应安装比驾驶室高至少70 mm的安全架。

安装有悬臂式、垂直升降式起重尾板的货车和挂车，起重尾板背部应设置有警示旗，且警示旗应能摆动，警示旗上的反光标识应朝向车辆外侧。

7. 其他要求

汽车（无驾驶室的三轮汽车除外）应配备1件反光背心和1个符合《机动车用三角警告牌》（GB 19151—2003）规定的三角警告牌，三角警告牌在车上应妥善放置；总质量大于3500 kg的货车，还应装备至少2个停车楔（如三角垫木）。

四、车辆改装

1. 合法改装

根据公安部《机动车登记规定》第16条规定，在不影响安全和识别号牌的情况下，增加机动车车内装饰，机动车所有人不需要办理变更登记。

已获得道路运输证的车辆确需改装的，道路运输经营者应当事先获得有关部门的批准，交由合法改装企业实施车辆改装作业。改装完毕后，道路运输经营者应当到有关部门办理车辆行驶证变更手续，并经车辆综合性能检测合格后，到交通主管部门和道路运输管理机构办理道路运输证变更手续。

2. 非法改装

非法改装指对车辆的外观、动力系统、传动系统、制动系统进行非国家法律允许及厂商同意的超出原车设计负载能力及功能的改装，主要包括以下行为。

（1）擅自改变车辆类型或用途。指擅自将客车改为货车、货车改为客车、卧铺客车改为座位客车、座位客车改为卧铺客车。

（2）擅自改变车辆颜色。这是指擅自将驾驶室和车身改为与原车辆不同的外观颜色。

（3）擅自改变车辆主要总成部件。这是指擅自更换与原车型不一致的发动机、变速器、前桥、后桥或者车架；擅自更换车辆车身或者罐车罐体；擅自改变车辆悬架形式（空气悬架、复合悬架、钢板弹簧式悬架等悬架形式之间的改变）。

（4）擅自改变车辆外廓尺寸或者承载限值。擅自增加或者减少轮胎数量；擅自增加或者减少车轴数量；擅自增加客车座位或者卧铺铺位。

非法改装道路运输车辆，将破坏车辆本身的结构和性能，给车辆行驶带来安全隐患，同时会造成道路运输市场的不公平竞争，不利于道路运输市场健康协调发展，危害很大。

第二节	轮胎的合理使用

轮胎是车辆的重要部件，它除了承受自身的质量外，还担负着推动车辆行驶和缓冲与地面冲击的重任。合理选择和使用轮胎，对节约成本、防止轮胎非正常损坏和延长轮胎使用寿命具有重要作用。

一、轮胎使用寿命的影响因素

影响轮胎使用寿命的因素有：轮胎气压、轮胎负荷、行驶速度、道路条件等。

轮胎气压不能过高或过低。轮胎气压处于标准胎压，轮胎使用寿命更长。轮胎气压过高，会导致轮胎刚性增大，轮胎的胎冠中部磨损加剧。轮胎气压过低，会导致胎面接地面积变大，轮胎的胎冠两侧磨损加剧。对于双胎并装的车轮，双胎中一个轮胎气压过低，会对另一个轮胎造成影响。

轮毂变形会影响轮胎的使用寿命。前轮定位失准、严重超载或偏载、轮胎气压过高，会使轮胎磨损加剧。

起步平稳、合理控制车速，平缓制动，能延长轮胎的使用寿命，节约燃料。当车辆行

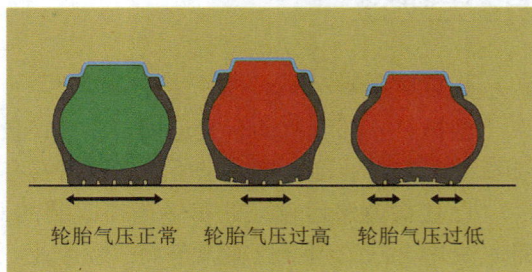

驶速度过快时，轮胎在路面上会产生滑移，导致轮胎磨损加剧。汽车高速行驶，会使胎温急剧升高，胎体刚性增大，导致胎面磨损增加。

二、轮胎的使用要求

轮胎的正确使用方法有：合理搭配轮胎、保持气压正常、及时进行轮胎更换和换位等。

1. 合理选用轮胎

选择轮胎时应综合考虑汽车的技术要求、承载和设计速度等指标。经常低速行驶的汽车宜选用加深花纹或超深花纹的轮胎，经常高速行驶的汽车不宜选用加深花纹和横向花纹的轮胎。

2. 合理搭配轮胎

轮胎搭配使用时，同轴不得混装新胎和旧胎、不得混装高压胎和低压胎、不得混装子午线轮胎和斜交轮胎。一般情况下，新、旧轮胎搭配时，各轮胎花纹磨损程度相差不超过3 mm。

换装轮胎时，同一车轴上装用的轮胎应做到同厂牌、同规格、同花纹、同气压标准。不同制造厂的轮辋，新、旧轮辋，挡圈和锁圈不可以混装。

3. 轮胎的日常保养

经常对轮胎气压进行检查和补气，保持正常的轮胎气压，定期对轮胎进行换位，是合理使用轮胎和延长轮胎使用寿命的最有效措施。常用的轮胎换位法包括交叉换位法、循环换位法、单边换位法等。

汽车载货必须严格遵守额定的载质量，不得超载，避免超出轮胎的额定负荷。

当货车转向轮轮胎花纹深度低于3.2 mm，后轮轮胎花纹深度低于1.6 mm时，要及时更换轮胎。当出现胎侧被扎、轮胎气门嘴漏气等情况时，也需要更换轮胎。汽车前轴换新胎时，要成双更换。汽车更换新胎后，应做动平衡测试，不得直接使用。

第三章

道路货物运输相关知识

道路货物运输就是用货车将货物运抵目的地的活动。驾驶员应掌握道路货物运输的基本知识和一些商务知识，并能够根据货物的特点，安全地完成货物运输任务。

第一节	道路货物运输的基本内容

道路货物运输经营，是指为社会提供公共服务、具有商业性质的道路货物运输活动。

一、道路货物运输的特点及分类

道路货物运输具有机动灵活、适应性强、快速直达、运输区域广、运输组织多样等特点。道路货物运输不仅适合中短途运输，而且能满足长距离运输的需求。道路货物运输包括道路普通货物运输、道路货物专用运输、道路大型物件运输和道路危险货物运输。

二、道路货物运输车辆的主要类型与技术特点

道路货物运输车辆，一般称作货车，指主要用于运送货物的汽车，有时也指可以牵引其他车辆的汽车，属于商用车辆类别。

运输柴油时宜选择罐式容器专用运输。运输生鲜食品时宜选择冷藏保鲜专用运输。一般使用罐式专用车辆运输散装、具有一定流动性的货物。当依法运输超宽超重的不可解体货物时，宜选择大件运输专用车辆。

三、道路货物运输的基本环节与运输质量要求

道路货物运输的基本环节包括运输合同的订立、货物的托运、货物的受理、货物的承运、货物的搬运装卸与交接等环节。

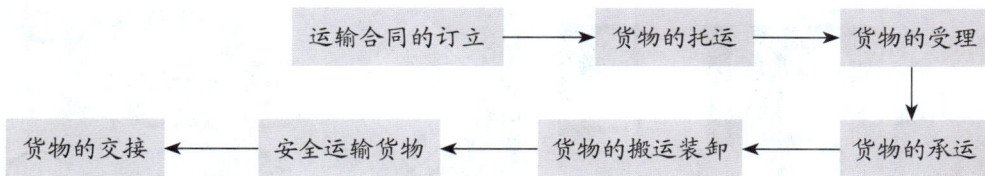

道路货物运输的基本环节

运输合同的订立 → 货物的托运 → 货物的受理

货物的承运 ← 货物的搬运装卸 ← 安全运输货物 ← 货物的交接

货物的承运 ↓

货物的交接 ← 安全运输货物 ← 货物的搬运装卸 ← 货物的承运

道路货物运输的基本环节

为保证运输质量，道路货物运输驾驶员应该遵守法律法规和操作规程，确保车辆技术状况良好，经常检查货物捆扎情况。装载货物时，应协助并监督装卸人员按规程装载，发现潮湿发热的货物时终止装载，装载完后检查货物是否超限超载。

四、危险货物道路运输禁止、限定、豁免等相关知识

根据国家相关标准，危险货物分为以下九类。

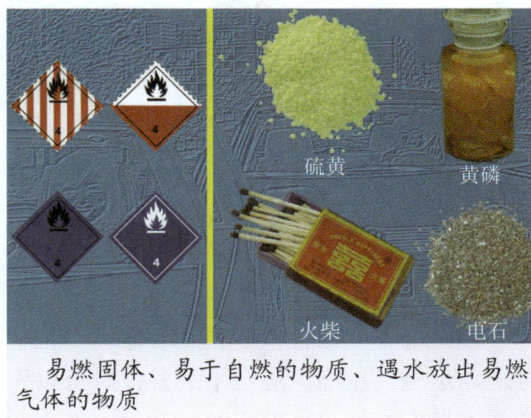

爆竹　炸药

雷管

爆炸品

液化气瓶　打火机气体

打火机气体

气体

汽油　乙醇

易燃液体

硫黄　黄磷

火柴　电石

易燃固体、易于自燃的物质、遇水放出易燃气体的物质

氧化性物质和有机过氧化物

硝酸钾　　氯酸钾

硝酸钾颗粒

毒性物质和感染性物质

杀虫剂　　农药

农药　　杀虫剂

放射性物质

镭石

铊

腐蚀性物质

氢氧化钠颗粒　　盐酸

氢氧化钠　　硫酸

干冰

榴莲

永久磁铁

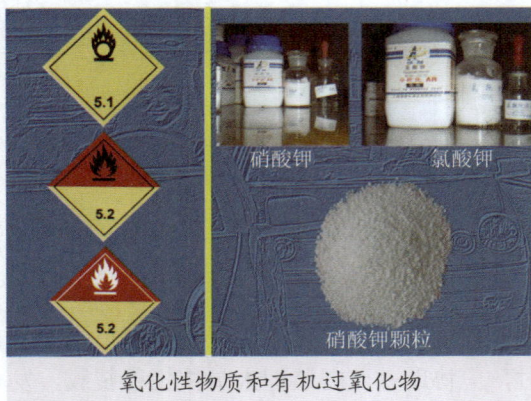

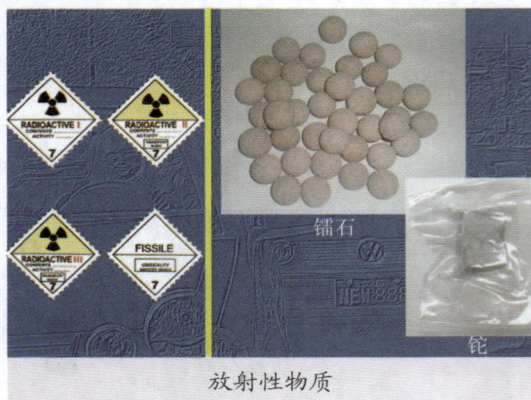

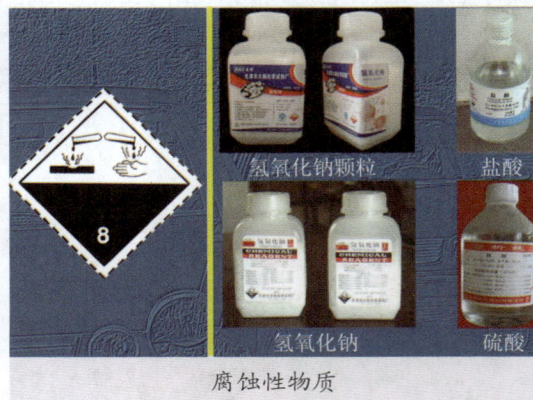

杂项危险物质和物品，包括危害环境物质（指呈现的危险性质不包括在上述八类危险性之中的磁性物品和另行规定的物品。）

　　非易燃、无毒气体运输时具有危险性，不可作为普通货物运输。雷管、氧气、汽油属于危险货物，道路普通货物运输驾驶员不得运输。道路普通货物运输驾驶员不得运输液氯、油纸、甲醇等货物。

　　潮湿棉花、活性炭、植物纤维（干的）、20 L以下的水性涂料，可以作为普通货物进行道路运输。压缩氮满足下列条件时可以作为普通货物进行道路运输：使用符合《气瓶安全技术监察规程》（TSG23—2021）的无缝气瓶，单个气瓶公称容积不超过50 L，每个运输单元的压缩气体气瓶总水容积不超过500 L。

五、货运合同与保险、保价

货运合同一经签订，便具有法律约束力，双方均应履行。签订一次性运输合同时，合同成立的凭证是运单。道路货物运单是运输合同成立的凭证，是承运人接受、保管、交付货物的凭证，是记录车辆运行和作业统计的原始凭证，是划清承、托、收三方责任的依据。

货物保价的原则是所有货物自愿投保。保价运输时，申报的货物价值不可以超过货物本身的实际价值。

第二节	道路货物运输的分类与要求

按照货物批量，道路普通货物运输可分为整车货物运输和零担货物运输。道路货物专用运输是指使用集装箱、冷藏保鲜设备、罐式容器等专用车辆进行的货物运输。

集装箱运输具有物资损耗少、节约包装材料及费用、装卸效率高、货差货损少等优点。整箱集装箱货物运输适用于货流量大、货流集中、中途不停靠站点、直达目的地整装整卸的情况。拼箱集装箱货物运输适用于货源分散、托运人单件托运量小、运送目的地各不相同的情况。

肉蛋蔬果的运输必须保持在一定的温度下，以防腐坏变质。装载、运输冷冻货物时应紧密堆码、保持低温。装载、运输易腐货物时应保留间隙、保持温度与物品特性适宜。

罐式容器专用运输具有装卸运输效率高、货运品质有保证、有利于运输安全、节约包装材料和成本等特点。罐式容器的罐体密封，在运输易燃易爆货物时能大大降低事故风险，这体现了它有利于运输安全的特点。装载被隔板分割成若干个小的独立罐体的罐车时，应保证质量分布均匀。

甩挂运输具有提高运输效率、减少装卸等待时间、降低运输成本、减少车辆空驶等优点。甩挂运输比传统运输要节约更多的货物仓储设施。甩挂运输时，牵引车与挂车之间的电缆连接器、气制动连接装置、ABS形式及接口应符合规定且相互匹配。进行甩挂运输时，牵引车和挂车可以不受地区、企业、号牌的限制灵活组合，

但是牵引车的准牵引总质量必须与挂车的总质量匹配。

采取提高机械化装卸水平、避免回程空驶、做好货物配载等措施，能够提高运输效率。依法进行超限运输时，标志应悬挂在货物超限的末端。

据统计，中国90%的货物运输车辆业主为个体户，他们既是驾驶员，也是承运人，因此掌握一些货物运输商务知识非常有必要。

一、货物运输成本与运价核算

在确定运价之前，道路货物运输驾驶员一定要核算运输成本，在成本的基础之上确定运费。

运输成本分为随服务量或者运量变化的变动成本和不随服务量或者运量变化的固定成本。在成本之上加上利润就可以确定运价：运价＝固定成本＋变动成本＋利润。

固定成本包括车辆折旧费、银行利息、保险费、车船税、管杂费、人员费（工资福利等）等。变动成本包括车辆常规保养维修费、车辆计提大修费、过桥过路费、燃料税、燃油费等。

利润的确定需要在市场基本利润水平的基础上，考虑承托双方所能接受的水平。至于托运人能给出怎样的利润，需要双方进行友好商谈，这考验驾驶员（承运人）的商务谈判能力。

二、货物运输合同的履行与违约赔偿

《中华人民共和国民法典》里规定的承运人责任包括将货物安全运达目的地、及时通知收货人来取货，不包括免费提供卸载货物服务。两个以上承运人以同一运输方式联运，与托运人订立合同的承运人对全程运输承担责任。

签订货物运输合同后，承运人必须履行以下义务：按照约定线路运输货物、在约定时间内送达货物、将货物安全运输到约定地点。货物交付收货人之前，承运人可以满足托运人中止运输、返还货物、变更到达地点、将货物交给其他收货人的要求。

当托运人或者收货人不支付运费时，

包装完好无损，而内部短损变质，承运人不负责赔偿！

承运人对相应的货物享有留置权。当收货人逾期提货时，承运人可以向其收取保管费。因托运人申报不实而造成承运人损失，托运人承担损害赔偿责任。因货物本身自然性质、包装存在内在缺陷、不可抗力原因造成的货物损失，承运人在举证后可以不负赔偿责任。

货物在运输中因山洪暴发而灭失，如果还未收取运费，道路货物运输驾驶员不能要求托运人支付运费。已收取运费的货物在运输中因地震而灭失，如果托运人要求返还运费，道路货物运输驾驶员应予以返还。

三、投诉与维权的相关知识

当道路货物运输驾驶员的合法权益受到损害时，可采取以下方式维权：要求有关部门依法处理、依法申请仲裁、依法提起诉讼。当道路运输企业拖欠或者未足额支付劳动报酬时，道路货物运输驾驶员可以向当地人民法院申请支付令。

当道路货物运输驾驶员不服行政机关的罚款决定时，可以申请行政复议或提起行政诉讼。行政复议一般情况下可在自知道处罚决定之日起60日内提出申请，行政诉讼应在知道或者应当知道作出罚款决定之日起6个月内提出。在申请行政复议时，可以一并提出行政赔偿请求。若行政复议申请被受理，在法定的行政复议期限内不可以同时向人民法院提起行政诉讼。

| 第四节 | 道路货物运输服务规范 |

遵守道路货物运输服务规范的目的在于，在保证运输质量的前提下，尽量提高运输的效率，保证货物按照约定的时间运达目的地。

一、货物承运与受理

承运人在受理货物时，应核对实际货物与运单记载的货物名称、数量、包装方式是否相符。发现货物与运单填写不符或可能危及运输安全的，不得办理交接手续。

承运人在受理货物时发现货物未按规定包装，应请托运人按规定重新包装。承运包装不良，但不影响装卸和行车安全的货物时，应在运单上注明，以明确责任。对于桶装的液体货物，应检查桶盖是否严密、桶体是否渗漏。

二、货物装载与加固

装载货物时，应在车门处放置隔离物，先远后近进行装载，有包装的在下，无包装的在上，确保重不压轻。装载袋装货物时，袋口应朝向车内。装载成件包装货物时，应排列整齐、紧密。成件包装货物的装载高度或宽度超出货车端侧板时，应当梯形码放。

采取尽可能降低车辆的重心、重货物装在车辆的中心、重货物装在下层等措施确保载货质量分配合理。固定能够承受压力且不会压缩变形的单件货物时，适合使用横（纵）向下压捆绑法。采用横（纵）向下压捆绑法固定货物时，最佳的捆绑角度是90°。固定原木、钢板等长条、成垛堆码的货物时，适合使用整体捆绑法。加固大件货物时通常采用货物拉牵固定法。

思考题

装载货物时，较重的货物应尽量放在载货平面的哪个位置？（提示：B处）

三、货物装卸与拼装

对于货物的搬运装卸，应在合同中约定搬运装卸人，使用合同中约定的搬运装卸人。装运前应对车厢进行清扫，装运中留意包装储运图示标志，装运完按规定贴上标志。

上图为由此起吊标志，表明起吊货物时挂绳索的位置。	上图为禁止翻滚标志，表明不能翻滚运输包装。
上图为易碎物品标志，表明运输包装件内装易碎品，要小心轻放。	上图为重心标志，表明该包装件的重心位置，便于起吊。

拼装货物时，普通货物不能与剧毒货物拼装，砒霜不能与食物拼装，液体不能与固体拼装，榴梿、大蒜油不能与茶叶拼装，装载纸张时应确保车厢干燥。

四、货物检查与交接

　　道路货物运输驾驶员应采取运输前确保装载符合要求、途中检查货物安全状况、每次停车休息时都进行检查、行车中随时通过后视镜检查等措施进行装载检查。交接货物时收货人要求重新过磅，如果结果是没有货差，由收货人承担过磅费用。有毒、易污染的货物卸载后，应对车辆进行清洗和消毒。

第四章

车辆安全检视

做好出车前的车辆安全检视（包括车辆外观检查、发动机舱检查、驾驶室内部检查）有利于及时发现、积极消除安全隐患，确保行车安全。驾驶员行车过程中，遇中途停车时也要检查车辆，确保车辆的各部件经过长时间运转后性能正常；运输任务结束后，为确保下次运输及时、正点，还要进行收车后的检查。检查过程中一旦发现问题或故障，要及时解决和排除，不能让"病车"上路。

第一节 | 车辆外观检查

项　　目	检查内容	检查方法	检查标准和要求
轮胎	气压	胎压计	符合额定气压
	磨损	观察	无裂纹、割痕、夹石等
		深度尺	转向轮胎冠花纹深度不小于3.2 mm，其余轮胎的不小于1.6 mm
	轮毂/制动盘	观察	无损坏、无腐蚀、无变形
	螺栓、半轴螺栓（货车）	检车锤敲击	紧固
横直拉杆及球头	紧固情况	检车锤敲击	无松旷
前桥	各部件	观察	无变形、无裂纹
后桥	各部件	观察	无变形、无裂纹
车架	车架	观察	无变形
	纵横梁	观察	无裂纹
	铆钉	检车锤敲击	无松动
悬架及U型螺栓	钢板弹簧片	观察	无断裂、无错位
	中心弹簧和弹簧夹箍	观察	无断裂
	U型螺栓	检车锤敲击	无松动

项　　目	检查内容	检查方法	检查标准和要求
传动轴及万向节	表面	观察	无裂纹、无松动
	各连接螺栓	检车锤敲击	紧固、连接可靠
储气筒	各阀门	检车锤敲击	牢固，无松动、无漏气
制动管路	外露的各制动管路	观察	无裂纹或渗漏
	制动轮缸	观察	无磨损、无渗漏
	右前部制动管路接口	观察	无渗漏
风窗玻璃	表面	观察	清洁、无裂痕
车灯和反光标志	表面	观察	清洁、完好
外后视镜	表面	观察	清洁、完好
	支架	手检	固定
燃油箱	油箱、油管、接头	观察	无凹瘪、无渗漏
	油箱支架固定螺栓	检车锤敲击	紧固
	固定箍带和支架	观察	无断裂、无损坏
备胎	备胎及备胎架	手检、观察	完好
	气压	胎压计	符合额定胎压
号牌	表面	观察	清洁、无遮挡
	支架	手检	牢固、无松动
驾驶室翻转机构	性能	手检	正常翻转，锁止可靠
车厢栏板	侧栏板、后栏板	手检	完好、牢固，锁止可靠
后下部防护装置	防护件	手检、观察	牢固、无裂纹
侧防护装置	防护件	手检、观察	牢固、无裂纹
牵引车和挂车连接装置	连接情况	手检	牢固
	安全装置	观察	完好、有效

项 目	检查内容	检查方法	检查标准和要求
润滑油	泄漏情况	手检、观察	发动机油底壳的接触面、油封、排放塞、机油滤清器无漏油
	液面高度	取出机油尺，将其擦干后插入，重新取出观察机油尺前端的油迹	油迹在上下标线之间偏上位置
冷却液	质量	目测	无杂质
风窗玻璃清洗液	液面高度	目测	液面高度在上下标线之间
制动液	质量	目测	无杂质
	液面高度	目测	液面高度在上下标线之间
制动管路	渗漏情况	观察	无裂纹、无渗漏
风扇皮带	松紧度	手检	适当，不过松
	表面	观察	无损伤、无裂纹
传动皮带	松紧度	手检	松紧正常
	表面	观察	无损伤、无裂纹
蓄电池	外表面	观察	清洁、无液体流出
	桩头	手检、观察	无松动、无腐蚀
	指示灯	观察	指示灯正常（绿色）
高低压线路	高压线	手检	无松脱
	低压线	手检、观察	连接正常

项 目	检查内容	检查方法	检查标准和要求
仪表	各仪表和指示灯显示	接通电源后观察	工作正常
转向盘	自由转动量	左、右轻轻转动转向盘，判断	大小不超过15°
驻车制动器	制动效能	操纵驻车制动器操纵装置	制动有效
变速器操纵装置	工作情况	将变速器操纵杆挂入1挡	挡位无阻滞
缓速器操纵装置	工作情况	旋转开关	工作正常

项　目	检查内容	检查方法	检查标准和要求
离合器、制动、加速踏板自由行程	离合器踏板	用脚踏下、抬起踏板	符合该车型技术要求
	制动踏板	用手轻轻按压制动踏板	
	加速踏板	用手压下加速踏板至阻滞位置并抬起	
安全带	表面及工作情况	观察、手检	无磨损、损坏，能牢固插入锁扣
内后视镜	表面及位置调节	观察、手检	清洁，调节装置有效
安全设施及装置	警告标志	观察、手检	完好、有效
	灭火器	观察、手检	安放牢固、在有效期内
车门	开启情况	手检	正常启闭
车内灯	表面，安装，灯光	观察、手检	清洁，牢固，灯光正常

第四节　行车中、收车后的车辆安全检视

分　类	项　目	检查内容	检查方法	检查标准和要求
中途停车时	各部位油、液、气	渗漏情况	听察、观察	无漏油、液、气
	轮胎	气压充足情况	检车锤敲击	气压充足
		温度	测温计	不超过60℃
	制动鼓、轮毂	温度	测温计	不超过200℃
	横直拉杆及转向臂	螺栓螺母紧固情况	检车锤敲击	紧固，无松动
	前后悬架螺栓螺母	螺栓螺母紧固情况	检车锤敲击	紧固，无松动
	钢板弹簧、U型螺栓	螺栓螺母紧固情况	检车锤敲击	紧固，连接牢靠
	传动轴	螺栓螺母紧固情况	检车锤敲击	紧固，无松动
	灯光及后视镜	远、近光灯	观察	齐全、有效
		转向灯、示廓灯	观察	齐全、有效
		倒车灯、牌照灯	观察	齐全、有效
		前、后雾灯	观察	齐全、有效
		后视镜	观察、手检	清洁、调节自如
	备胎	备胎及备胎架	观察、手检	完好
		备胎气压	检车锤敲击	气压充足
	安全设施及装置	灭火器	观察、手检	在规定位置，固定
		警示标志牌	观察、手检	在规定位置，固定

分　类	项　　目	检查内容	检查方法	检查标准和要求
收车后	各部位油、液、气	渗漏情况	听察、观察	无漏油、液、气
	传动皮带	松紧度	手检	符合标准
		磨损情况	观察	完好，无异常磨损
		风扇叶片	手检、观察	固定、无变形
	轮胎	气压	检车锤敲击	气压充足
		磨损	观察	无异常磨损、无夹石

车辆安全检视

第五章

轮胎更换

无论考核大纲如何修订，轮胎更换一直是道路货物运输驾驶员应用能力考核的主要项目。因为对于道路货物运输车辆来说，轮胎损耗较大，需要经常更换。

第一节 | 轮胎更换的正确操作

轮胎是易耗品，是有使用寿命的。驾驶员不仅要做到确保轮胎在使用过程中安全可靠，而且要掌握轮胎更换的正确操作方法。

一、考核内容

后轮外侧轮胎的拆卸、安装及千斤顶使用。

二、考核标准

（1）正确放置警告标志。
（2）正确使用千斤顶。
（3）对角紧固轮胎螺母。
（4）轮胎螺母安装应紧固牢靠。
（5）步骤顺序正确无误。
（6）不缺少每一个步骤。
（7）"轮胎气压符合标准""两个气门嘴成180°""内外轮胎通风口对齐""螺母斜面与轮胎斜面紧密结合"，进行对应操作时，准确使用语言表述。

三、操作方法、操作要求

轮胎更换包括拆卸前的准备、拆卸轮胎、安装备胎和安装后的收尾工作，以下是具体的操作步骤、顺序及操作要求。

轮胎更换的操作步骤、顺序及操作要求

考核步骤及内容	操作顺序	操作工具	操作要求
拆卸前的准备	放置警告标志牌	警告标志牌	距离车后部50~100 m
	检查气压值	胎压计	测量方法正确，读数准确
	前轮加固	止轮器	放置位置正确
	拆卸备胎	拆卸工具	测量备胎气压，读出气压值
拆卸轮胎	旋松后轮外侧轮胎螺母	套筒扳手	正确旋松轮胎螺母
	固定要拆卸的轮胎	两个止轮器	轮胎固定牢靠
	支顶车体	千斤顶	将千斤顶座板支顶在被支撑件的中心位置
	顶起车身	千斤顶	将车身顶起并离地2~3 cm
	卸下轮胎	套筒扳手	卸掉轮胎螺母，卸下轮胎安全放置
安装备胎	装上备胎	撬棒	两轮毂通风口应对准，两胎气门嘴对称排列，按180°分开
	紧固轮胎螺母	套筒扳手	按对角旋紧螺母，其斜面与轮辋斜面紧密结合
	车身落地	千斤顶	缓慢放下千斤顶
	紧固轮胎螺母	套筒扳手	按顺时针方向逐一将螺母紧固一遍
安装后收尾	固定轮胎，收回警告标志牌	备胎拆卸工具	将换下的轮胎放入备胎架内固定牢靠，收好警告标志牌

第二节　千斤顶的使用

千斤顶用于更换轮胎时顶起车身。千斤顶有气动千斤顶、电动千斤顶、液压千斤顶和机械式千斤顶，一般常用的是液压千斤顶和机械式千斤顶。

液压千斤顶		机械式千斤顶
图例		
优点	简单，易用	轻巧，便宜
缺点	无钢板结构，安全性低； 起升速度慢，高度有限； 油泵容易漏油，寿命短； 软路面易下陷，影响使用	机械原理，太耗费体力； 没有圆形顶盘，轮胎容易滑出； 质量好坏不一，易损坏； 安全性低，容易滑出压伤人

一、操作技术

（1）千斤顶的基础。千斤顶的基础应平稳、坚实、可靠。在底面设置千斤顶时，应垫上枕木或其他适当的材料，以扩大受力面积。

（2）千斤顶的放置。放置千斤顶时，应保持荷载重心作用线与千斤顶轴线一致，顶升过程中要严防由于千斤顶地基偏沉或荷载水平位移而发生千斤顶偏歪、倾斜的危险。要防止千斤顶发生滑动，必要时要垫以硬木块。

（3）顶升操作。千斤顶的顶升高度应不超过有效顶程。千斤顶不准超负荷使用。启动千斤顶不宜急促，应使车体有节奏地匀速上升，下降时要缓慢。

二、注意事项

（1）当车辆被千斤顶顶起时，切忌启动发动机，因为发动机的振动或车轮的转动，容易使车辆从千斤顶上滑下来造成危险。

（2）不能用千斤顶支在保险杆、横梁等部位。更换轮胎时，车上不能留人。

轮胎更换

第六章

驾驶员的职业道德、职业心理与职业健康

<table>
<tr><td>第一节</td><td>职业道德</td></tr>
</table>

    道路货物运输驾驶员职业道德的总体要求是爱岗敬业、遵纪守法，诚实守信、办事公道，服务群众、奉献社会。良好的职业道德与行车安全、企业经济效益息息相关，要求驾驶员在道路运输活动中做到依法行车、安全礼让（遇到其他车辆的不友好行为，驾驶员应宽容忍让）、规范操作、有序通行（平稳驾驶，妥善保管货物，交通拥堵时耐心有序跟车）。酒后驾驶、发生道路交通事故后逃逸、开故障车、疲劳驾驶、长时间占用快车道行驶、夜间会车使用远光灯、占用应急车道行车等都是驾驶员缺乏职业道德的体现。

    道路运输驾驶员职业道德的具体体现如下所示。

驾驶员职业道德的具体体现

内　容	说　明
遵章守法	按道路运输相关法规安全运输，自觉遵守企业的各项规章制度，认真遵守驾驶员安全操作规范，按规定参加道路运输驾驶员继续教育，依法营运（应先取得道路运输经营许可），不超速，不疲劳驾驶，不频繁变换车道，遇骑车人占道时减速慢行，避让有优先通行权的车辆
优质服务	服务周到、热情，真诚对待客户；遇道路拥堵时耐心跟车，客户催促时耐心解释；通过凹凸路面时减速慢行，礼让其他交通参与者；通过提高服务标准来招揽货物，货物到达后及时交付收货人
诚实守信	通过诚实守信赢得货主的信任和社会的认可：认真遵守货物运输各项规定，满足客户正当需求，按时到达目的地；按照合同承诺进行道路运输，按批准的时间、路线、速度进行超限运输，发现货物包装破损时及时通知托运人，确保货物安全准时到达目的地，杜绝运输中私自捎带其他货物及在货物送达前额外索要运费等不良行为
规范操作	按信号灯指示通过路口，遇红灯提前减速停车；做好出车前的安全检视，行车前系好安全带，出车前、行车间隙、收车后认真检查车辆，并做好日常维护；发现前方不具备会车条件时，停车让对向来车先行；高速公路上发生事故时，妥善进行应急处置

作为一名道路货物运输驾驶员，心理、身体素质对安全行车的影响很大，因此，道路货物运输对驾驶员的心理、身体素质要求是相当高的。要确保安全行车，道路货物运输驾驶员就应当注意调节自己的心理、身体状态，确保身心健康。

一、道路货物运输驾驶员心理健康

积极、谨慎的心理状态有利于行车安全。遇到紧急情况时保持头脑冷静、处置果断，是驾驶员具备良好意志品质的体现。心理健康、心态良好的驾驶员在行车中一般会注意力集中、判断准确。驾驶员在运输中保持良好的心态，是预防交通事故的重要前提。

1. 心理与行车安全

驾驶员具备熟练的驾驶技能，把其他交通参与者当作伙伴，有利于保持健康平稳的心理状态。驾驶员在情绪低落、心神不定时，应急反应能力会降低。驾驶员与家人争吵后情绪激动，此时出车会严重影响运输安全。

当驾驶员在运输过程中感觉自己情绪波动很大时，应该选择安全地点停车，待情绪稳定后继续行驶，切忌提高车速，快速行驶，甚至迁怒他人，借机发泄。

当驾驶员在运输过程中感到沾沾自喜时，应及时自省，提醒自己集中注意力驾驶，安全第一。好胜心理太强，不仅不利于尽快将货物送达目的地，还可能欲速则不达。

当驾驶员在运输过程中遇他人占道行驶、争道抢行时，要心平气和、宽容忍让，切勿长按喇叭，发泄不满，甚至与其一较高下，教训其不文明行为。驾驶员在行车中遇到道路拥堵时，应该按顺序通行，切忌争道抢行，按喇叭催促。

2. 典型不良心理

驾驶员的典型不良心理有：急躁心理、麻痹心理、好胜心理、自满心理、赌气心理、侥幸心理、随众心理、寄托心理等。这些不良心理不利于提高运输效率，容易导致交通事故。驾驶员在运输过程中应谨慎驾驶，避免出现不良心理。

典型不良心理及其表现

不良心理	表　现
急躁心理	开快车，强行超车，频繁变道
麻痹心理	忽视对向车道情况借道超车，以为车辆安全性能好而不实行车辆三检制度，炫耀车技占道抢行，忽视交通风险超速行驶
好胜心理	强行超车，违法超车，会车抢行
自满心理	炫耀比拼车技，长时间单手握转向盘，开车打电话，开英雄车
赌气心理	强行超车，不避让加塞车辆
侥幸心理	在交叉路口闯红灯，开故障车上路行驶，高速公路随意停车
随众心理	跟随他车占用应急车道行驶，跟随他车超速行驶
寄托心理	见对向有来车时仍借道超车，在有障碍路段高速会车，见十字路口有行人正在通过时继续高速行驶

运输过程中，驾驶员应时刻提醒自己谨慎行车，避免麻痹心理，要遵守操作规程和交通法规，避免侥幸心理，要避免"法不责众"的想法，克服随众心理，文明驾驶。

运输过程中的随众心理、寄托心理等是不利于安全行车的，遇到危险时，驾驶员主动采取避让、防御性驾驶措施，能有效克服这些不良心理。

？？？ 思考题

1.一辆厢式货车在路口转弯时与一辆直行小客车发生碰撞。货车驾驶员认为两车距离比较远，自己能加速先通过；小客车驾驶员认为货车会停车让行，没有及时减速。造成这起事故的不良心理有哪些？（提示：侥幸心理、寄托心理）

2.小王在通过十字路口时看到有行人正在过马路，他认为行人会让路，于是加速通过，结果撞倒了行人。这起事故主要是由小王的什么心理导致的？（提示：寄托心理）

二、道路货物运输驾驶员心理调节

在道路货物运输过程中，驾驶员做好心理调节，有利于身心健康和行车安全。驾驶员应及时调整心态，要善于自我调节、缓解消极情感、避免过激的心理活动，从而保持心理稳定。

遇情绪不良（紧张焦虑、伤感抑郁、兴奋激动）时，驾驶员可以利用"宁停三分，不抢一秒""安全是福，超速是祸""马达一响，集中思想"等警示语提醒自己。行车中驾驶员应集中注意力驾驶，必要时停车休息。驾驶员在行车过程中要调整好心态，放松心情，平时可通过保持良好的人际关系、阅读励志书籍、培养健康的兴趣爱好、保证充足的睡眠等方法来调节心理压力。日常工作中，驾驶员可以通过持续学习、更新知识，作息规律、睡眠充足，饮食合理、营养均衡，加强锻炼、适度运动等方法来保持良好的心理状态。

三、道路货物运输驾驶员生理健康

道路货物运输驾驶员服用镇静剂、止痛药、催眠药、兴奋剂等药物后不宜进行运输。道路货物运输驾驶员服用影响神经系统的药物后，会出现反应及操控能力下降，听力、视力、注意力减退，动作准确性下降等不良现象。

疲劳驾驶会导致驾驶员操作失误增加、注意力分散、判断力降低等，是安全行车的头号敌人。长时间坐姿不良、行车时间过长、睡眠不足、车内空气质量差等容易导致驾驶疲劳，驾驶员应尽量避免这些情况出现。运输过程中感到疲劳时，驾驶员不要加速行驶，以便尽快到达目的地后休息，而是应尽快寻找安全地点停车。停车休息时，驾驶员可通过活动肢体、眺望远方、小睡片刻、喝咖啡等方法来缓解驾驶疲劳。

道路货物运输驾驶员常见的职业病有颈椎病、胃病、腰痛、振动病、泌尿系统疾病等，须特别注意预防。对于颈椎病，可以通过保持正确的驾驶姿势、确保座椅位置和高度合适、正确调整头枕的高度、停车休息时活动颈部等措施来预防。对于胃病，可以通过合理安排行程、定时适量饮食，少吃刺激性、生冷、不易消化等食物，保持情绪稳定、避免精神过度紧张，慎用对胃黏膜有损伤的药物等措施来预防。

四、道路货物运输驾驶员反应时间对安全驾驶的影响

在车辆行驶过程中，驾驶员只有对感知到的信息经过大脑处理后，才能做出具体的操作。以车辆制动停车为例，车辆在行驶中，如果前方突然出现紧急情况需要停车，驾驶员要采取一系列的动作，如下图所示。

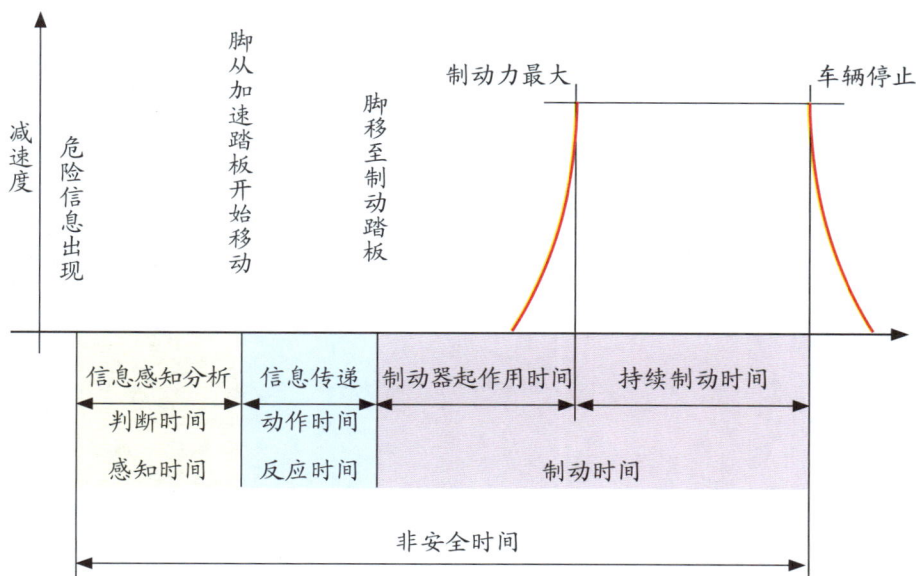

反应特性是对某种刺激所产生的应激动作，即从接收信息（感知）到反应（决策）产生效果的过程。整个过程所需的时间，可以划分为感知时间和反应时间。

感知时间是指在正常条件下，从眼睛观察到聚焦目标再到大脑识别出危险类型和性质的时间。反应较快的驾驶员一般需要0.75 s的感知时间。反应时间是指正常条件下，从大脑传递制动信号给脚，脚从加速踏板移至制动踏板的这段时间。驾驶员一般需要0.75 s的反应时间（当车辆时速为88 km时，在该反应时间内，车辆已行驶18 m）。特殊的生理状况会在很大程度上影响驾驶员的感知时间和反应时间。

驾驶员反应越快，处理情况越及时，安全行车就越有保障。研究表明，驾驶员的反应能力除了与年龄、技术、经验有关外，还受到疲劳程度、车速、药物和酒精作用、生理、心理状况等因素的影响，驾驶员在行车中应尽量排除这些因素的干扰。

第七章

道路货物运输安全、应急处置

驾驶员作为保障道路货物运输安全生产的直接责任人，学习道路货物运输安全、应急处置的相关知识很有必要，这也是从业资格培训、结业考核的重点之一。

第一节	道路货物运输安全驾驶

安全驾驶既是对驾驶员自己、对家人负责，也是对车上装载的货物负责。在确保运输安全的前提下，尽可能提高工作效率、提高经济效益，是驾驶员应持续修炼的基本功。

一、超限超载运输的危害

超限超载运输的危害非常大，会加重车辆负担，加快车辆磨损，会严重损坏公路基础设施，扰乱道路运输市场秩序，危害人民生命财产安全。

二、车辆日常安全检查

运输中停车休息时，道路货物运输驾驶员需要对车辆进行以下检查：有无漏油、漏水、漏气现象；胎压是否正常，胎面有无异物；发动机、制动鼓有无过热现象。

收车后，道路货物运输驾驶员需要检查、清洁车辆，记录车辆行驶情况。

三、动态监控车载终端的正确使用

卫星定位系统车载终端具有以下功能：实时提供经纬度、速度等信息；信息采集和行驶记录；能在驾驶员超速、疲劳驾驶时自动提醒；能够实现对驾驶员（非运输企业）的动态管理。

使用卫星定位系统车载终端时，驾驶员在行车前后应检查终端，行车中收听终端的语音提示，不得自行修理或拆改终端。

四、车辆安全运输的注意事项

驾驶员在运输中应做到集中注意力、仔细观察和提前预防，这是安全意识的具体体现。

（1）超车与被超车：准备超车时，夜间变换远近光灯提示前车，提前开启左转向灯、鸣喇叭。做到提前开启转向灯后再变道。超车后返回原车道时，应该与被超车拉开安全距离后打转向灯再驶回。发现后车示意超车时，如果条件允许，应该及时减速靠右让行。

（2）会车：缺乏安全会车条件时，决不要盲目会车，及时减速，必要时停车让行。夜间在无中央隔离、照明不良的路段会车时，应离对向来车150 m时改用近光灯，对向来车使用远光灯时不直视强光。

（3）倒车：倒车前下车检查，确认安全，倒车时保持较低车速，发现危险立即停车。

（4）掉头：提前开启左转向灯，严格控制车速，不得妨碍其他车辆正常行驶。

（5）遇行人横穿道路：减速慢行或停车让行。

（6）上下坡：上陡坡时，应根据路况选择合适挡位，不得猛踩加速踏板加速冲坡，更不要紧紧跟在前车后面爬坡。通过长下坡路段时，应通过使用缓速器，开启排气制动等措施正确控制车速。

五、罐式货车、汽车列车等重载货车的安全操作要求

驾驶员在运输中应与其他车辆保持安全距离，避免驾驶紧张，缓解驾驶疲劳，保证紧急情况时有足够的停车距离，预防前车突然紧急制动。确需借道超车时，驾驶员应判断是否有足够的时间、空间完成超车，与被超车辆拉开安全距离后驶回原车道。

跟行大型货车时，应增大跟车距离，因为大型货车可能出现以下情况：载货较高，阻挡视野；货物超载时影响轮胎寿命，易爆胎；货物苫盖不牢时，掉落的货物会导致危险。

在路口右转时，驾驶员应特别注意右侧的盲区及内轮差，千万不要以为只要前轮能够通过，后轮就能通过。

六、货物运输过程中的危险源辨识

跟车时，驾驶员应预见前车随时可能转向、减速或紧急制动，提前采取措施以确保安全。变道结束后，驾驶员应及时关闭转向灯，以免给其他车辆传递错误信号。会车时，驾驶员应注意对向来车后方的行人、车辆，以防其突然横穿带来危险。掉头时，驾驶员应尽量选择车流量少、道路较宽、能一次完成掉头的路段。

高速公路车速快、交通环境单一，驾驶员容易感到枯燥、松懈或困倦。通过山区道路时，驾驶员应时刻关注车辆的制动效能，防止出现制动失效。通过铁路道口，发现栏杆刚开始下降时，驾驶员应减速停车，不得加速通过。

七、货物运输过程中的防御性驾驶

防御性驾驶理念要求道路货物运输驾驶员规范操作，避免主动引发事故；宽容礼让，避免卷入被动性事故。以下是具体的防御性驾驶方法。

常见场景与防御性驾驶方法

常见场景		防御性驾驶方法
典型道路	高速公路	驶入高速公路前，应了解天气情况、道路通行状况，提前熟悉行驶路线，并检查车辆安全状况
		以高于60 km/h的车速驶入行车道时，应避免引发追尾碰撞
		遇施工路段时，应遵守限速规定，提前减速
		若发现前方有遗撒物品，不得急打转向盘避让
		超车时，不得超过最高限速；被超车时，应握稳转向盘，必要时轻踩制动减速器
		当发生故障需要临时停车时，开启危险报警闪光灯，按规定放置警告标志，拨打救援电话，在护栏外等待救援
	山区道路	提前了解山区气象条件，提前检查车辆制动、转向性能
		当转弯、会车和下坡时，降低车速
		遇塌方、泥石流时，应在确认安全后尽快通过
	乡村道路	遇扬尘时，低速慢行，必要时开启车灯、鸣喇叭示意
		应该警惕随意穿行的人或动物
		遇牲畜在路上行走时，应减速跟行或停车

常见场景		防御性驾驶方法
特殊路段	隧道	驶入隧道前，提前开启前照灯，注意限高、限速标志，选择绿灯亮的车道行驶
		跟车行驶时，应适当增加跟车距离
		当出现故障必须临时停车时，应尽量停在隧道内专门的避险区
		驶离隧道时，严格遵守限速规定，双手握稳转向盘，警惕隧道口有人横穿
	桥梁	注意观察桥头的交通标志和提示
		观察路况，条件允许时安全通过
		避免在窄桥上会车、制动和停车
		通过险桥等危险地段时：发现对面来车时停车等待，避免在危险地段会车，必要时下车查明情况，确认安全后尽快通过，不能通过时报告后绕道
		在跨海大桥上遇到强烈横风时：双手握稳转向盘，合理控制车速，与并行车辆保持安全的横向距离
	铁路道口	提前换入低挡，低速平稳通过
	城乡接合部	注意观察路边行人、非机动车动向
		遇路口时减速让行，必要时停车避让
特殊天气	雾天	开启近光灯、示廓灯、前后位灯、雾灯和危险报警闪光灯
		适时鸣喇叭，合理控制车速，增大跟车距离，能见度低于10 m时在安全地点停车
	雪天	减速时，应轻踩制动踏板，同时控制车辆行驶方向
		遇前方路面大面积结冰时，应寻找安全地点停车
		安装防滑链，沿车辙低速平稳行驶
	雨天	为避免"水滑"现象，应降低车速。行车出现"水滑"现象时，握稳转向盘，松抬加速踏板，避免紧急制动
		涉水行驶后，为恢复制动器工作效能，应轻踩制动踏板
	高温	当发现轮胎温度过高时，应将车停在阴凉处降温
		当发现水温表读数达到100℃时，应将车停在安全地点降温
		感到疲劳时，在安全地点停车休息，并用正确方法缓解疲劳
夜间		跟车时，应保持比白天更大的跟车距离
		将车速控制在制动距离在前照灯照射范围内
		发现路旁停有车辆或自行车时，应减速慢行
		会车时要特别注意两车灯光交汇处的盲区，当对方持续使用远光灯时，避免直视其灯光，必要时停车让行

道路运输过程中，驾驶员在关键时刻掌握一些应对紧急情况的措施，可以很大程度上降低紧急情况可能带来的危害；一旦发生事故，及时和正确地进行事故报告和事故现场处理，是防止事故危害扩大的重要保障；掌握事故后的脱困方法，可以为自身和其他交通参与者争取更大的生存机会；有效应对自身和其他交通参与者突发疾病，可以使运输更加平安顺畅。

一、紧急情况应急处置

（一）紧急、突发情况的处置原则

1.保持良好心态

道路运输过程中，由于交通环境复杂多变，随时可能发生各种紧急情况。为了避免出现严重后果，把损失降到最低程度，驾驶员必须保持沉着冷静的良好心态。另外，保持头脑清醒，情绪镇定，不惊慌，也是处理紧急情况的先决条件。

2.及时减速，有效控制方向

（1）危险情况经常瞬间发生，特别是在车辆高速行驶时。规避和减轻交通事故的危害和损失，有效的措施是制动减速、停车、控制方向。

（2）在车速较低的情况下发生紧急情况时，要判断能否利用转向避开前方障碍物。若转向避开障碍物比停车有效得多，在道路交通条件允许的前提下，尽可能优先考虑转向规避撞车，同时采取必要的减速措施。

（3）在车速较高的情况下发生紧急情况时，千万不要急转向避让，应采取制动减速，使车辆在碰撞前进入低速行进或停止状态。高速时急转向容易造成车辆侧滑相撞或者倾翻。

（4）在制动距离内将发生不可避免的碰撞时，可以采取转动转向盘的避让措施，将严重的正面相撞演变为较轻的侧面剐蹭。注意当车辆前轮抱死时，转动转向盘并不能改变车辆行进方向。

3.先人后物，避重就轻

（1）人的生命高于一切，遇到紧急情况时，宁可财产遭受损失，也要确保人员的安全。

（2）避险时应向损失较轻或危害较小的一方避让，将车辆向情况简单或人员较少的一侧靠近，尽量避开损失较重或危害较大的一方，尽量减轻事故的损失。

（二）车辆故障应急处置

1.发动机突然熄火

（1）车辆在行驶途中，若发动机突然停止工作，应连续踩踏加速踏板，转动点火开关。若启动成功，先不要着急上路，将车停在路边安全地带，并打开危险报警灯，查明原因，排除故障后方可上路。

150m

（2）若启动没有成功，应立即打开右转向灯，利用惯性，将车缓慢驶向路边停靠，并打开危险报警闪光灯，在车后适当距离设置警告标志，然后查明原因，排除故障。

2. 转向失控

（1）当车辆转向失控但还能保持直线行驶时，不可采用紧急制动来减速，尤其是高速行驶时，紧急制动容易发生侧滑，造成车辆倾翻。驾驶员应立刻松抬加速踏板，降挡减速，可均匀而用力地拉紧驻车制动器操纵杆进行辅助制动。当车速明显降低时，轻踏制动踏板，使车辆缓慢平稳地停下。

（2）当无ABS装置的车辆已偏离直线行驶方向，事故已经无可避免时，驾驶员应果断地连续踏制动踏板，使车辆尽快减速停车，尽量缩短停车距离，减轻撞击力度。

（3）在采取制动措施的同时，注意及时将危险警示信息传递出去，提醒路上的其他交通参与者注意避让。

（4）当发现转向阻力突然增大但还可以实现转向时，应在保证安全的前提下握稳转向盘，及时减速，寻找安全的地点停车查明原因。

3. 制动失效

（1）当行车中突然发生制动失效时，驾驶员应握稳转向盘，松抬加速踏板，利用发动机制动，尽可能通过转向避让人群和障碍物，同时利用驻车制动器或"抢挡"等方法，设法减速停车。若是液压制动车辆，可连续多次踏制动踏板，以期制动力的积聚而产生制动效果。

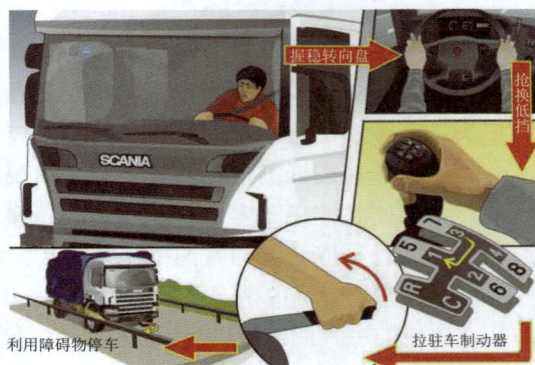
利用障碍物停车

（2）使用驻车制动器时，要注意不可一次拉紧。一次拉紧容易将驻车制动盘"抱死"，造成机械损坏，完全失去制动力。

（3）若下坡时制动突然失效，最好利用道路边专设的避险车道停车。在避险车道停车后，立即拉紧驻车制动器操纵杆，防止溜动或发生二次险情。

（4）如果没有专门的避险车道，要注意观察路边是否有可利用的坡道，借助地形强行停车，也可以果断地利用路边的天然障碍物停车脱险，减少事故的损失。不得已时，用前保险杠斜向剐蹭山体或高速公路护栏，迫使车辆停住。

（5）如无可利用的地形和时机，应迅速抬起加速踏板，从高速挡向低速挡"抢挡"，利用变速器速比的突然增大和发动机制动作用遏制车速，以利于控制车速和操纵行驶方向。

（6）在车速得到有效控制后，尽快在安全地段停车，对车辆进行检修。

4. 轮胎漏气

（1）当车辆在行驶过程中发生一侧轮胎漏气时，车身向一侧倾斜，方向控制不灵活，并随时间的延长越来越严重。遇到这种情况时，要握稳转向盘，控制好制动的节奏，将车辆驶离行车道，平稳停放在路边的安全地带，然后在车后适当距离设置警告标志。

（2）发现轮胎漏气时，禁止采用紧急制动，否则容易造成翻车或发生后车追尾事故。

5. 轮胎爆裂

（1）轮胎发生爆裂之前，驾驶员一般很难察觉，只有在听到爆破声，随之出现偏行或危险的摇摆时才能发现。爆胎时，速度越高，危险性越大。

（2）爆胎分后轮爆胎和前轮爆胎两种情况。后轮爆胎时，车尾会晃动不定，但是行车方向一般不会失控；前轮爆胎的危险比后轮爆胎大，车辆会向爆胎一侧跑偏，驾驶员很难控制转向盘。

（3）无论是何种情况造成爆胎，驾驶员首先要控制好转向盘，尽可能保持车身正直向前，松抬加速踏板，缓踩制动踏板，降低车速。

（4）车速降低后，应迅速采取抢挂低速挡的措施，利用发动机制动降低车速，并平稳地将车停住，尽量将车逐渐停靠在路边安全地带，在车后适当距离设置故障警告标志。

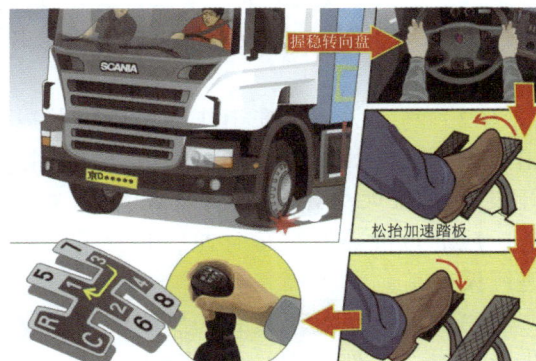

（三）车辆侧滑、侧翻紧急情况下的应急处置

1. 车辆侧滑

因车辆侧滑而引发的事故占事故总数的比例很大，且常造成碰撞、翻车、掉沟等恶性交通事故。在冰雪、湿滑和沙石等路面上空挡滑行、猛转转向盘、紧急制动和加速及车辆重心过高等都极易造成车辆侧滑。车辆发生侧滑时，驾驶员应及时果断地结合车辆所处的行驶环境采取相应的应急措施。

（1）当制动、转向或剧蹭引起车辆侧滑时，应立即松抬制动踏板，迅速向侧滑一方转动转向盘（不可大幅度转向），并及时回转，修正方向后继续行驶。

（2）因转向或剐蹭引起侧滑时，不可使用行车制动。

2. 车辆侧翻

车辆发生侧翻时，驾驶员应确保安全带系好，双手握稳转向盘，双脚钩住制动踏板，背部紧靠座椅靠背，尽力稳住身体，随车体一起倾翻。

（四）发生火灾、爆炸时的应急处置

1. 车辆起火

车辆行驶中，会因吸烟、电线短路、撞车、翻车等诸多因素诱发火灾。起火时，应立即停车，关闭车辆油路、电路，疏散车上人员。若为初始火灾，立刻用灭火器灭火；火势严重时，拨打"119"火警电话救援。发生爆炸时，要及时疏散车上人员，同时报警。

1）控制火势

（1）行驶中发生火灾，驾驶员要努力将车辆停放在一个不会威胁到其他人的地方（远离加油站、建筑物、高压电线、树木、灌木丛、车辆或其他易燃物品），及时拨打火警电话，等待救援。

（2）马上关闭正在工作的发动机并拔出点火钥匙。如果是发动机着火，不要打开发动机盖灭火，防止氧气充足增大火势，应通过散热器、车身通气孔及车底侧进行灭火。

（3）当货运汽车装载的燃烧性货物发生火灾时，条件允许时要将货物卸下，条件不允许时要尝试灭火。当篷式货车或厢式货车上的货物发生火灾时，必须保持车厢封闭，防止火势蔓延。

（4）高速公路行车发生火灾时，应将车辆停靠在路肩上并尽可能远离收费站、服务区、停车场、加油站等公共场所，以防火势蔓延，造成更大的损失。

车辆出现火灾时，请驾车远离危险地带。
如：加油站、收费站
　　森林、高压变电站
　　……

2）逃离火灾

（1）关闭点火开关、电源总开关，设法使车上人员迅速撤离车辆；逃离时如果无法打开驾驶室门或车门，可以用车上配备的安全锤或其他坚硬物体，敲击安全玻璃的四个角。

💡 **温 馨 提 示**

安全锤的正确使用

钢化玻璃的中间部分是最牢固的，四角和边缘是最薄弱的。用安全锤敲打玻璃的边缘和四角，尤其是玻璃上方边缘最中间的地方，玻璃最容易被击碎。

（2）当火焰逼近，无法躲避时，可用身体猛压火焰，冲出一条生路。冲出时，及早脱去化纤类衣服，注意保护裸露的皮肤，不要张嘴呼吸或高声呼喊。

3）灭火时的注意事项

（1）为了自身安全，灭火时不要穿化纤类衣服，要注意保护没有遮盖的皮肤，不要撕扯已经黏在皮肤上的衣服，以免将表皮一起撕掉，造成更大伤害。保护上呼吸道，不要张嘴呼吸或高声呼喊。

（2）灭火时，驾驶员应站在上风处，以防火焰、烟雾随风就势殃及救火人员的安全。

（3）使用灭火器灭火时，应将灭火器瞄准火源的根部，由远及近灭火。

（4）针对不同原因引起的火灾，选择不同的灭火器。例如，可以用水熄灭木材、纸张、布匹和轮胎引起的火灾，但不能用水熄灭电器、汽油着火；电线短路引发起火时可以用泡沫灭火器熄灭；油箱起火时，可以用干粉灭火器熄灭。车辆燃油着火时，若无合适的灭火器，可用路边沙土或厚布、工作服等覆盖灭火。同时，还应切断油路，做好油箱的防爆工作。

2. 爆炸

车辆技术状况存在缺陷、剧烈碰撞、车上有易燃易爆物品、车辆燃烧等原因均可能引起车辆爆炸。

车辆发生爆炸时，驾驶员应第一时间报警，说明爆炸的时间、具体地点、爆炸原因、着火物品等情况，拨打120急救电话求救，并尽快组织未受伤人员疏散至安全地点，对受伤人员进行初步救治。

为避免车辆发生二次爆炸扩大伤害范围，在不了解爆炸情况时，任何人员不可以贸然靠近爆炸车辆。

前方太危险了！请绕道行驶。

（五）突遇自然灾害的应急处置

突遇自然灾害是指车辆在行驶过程中突然遭遇到地震、泥石流、山洪暴发、桥梁塌陷等灾害。这些自然灾害是无法预料的，其结果也是毁灭性的。

（1）及时停车。当遇到突发的自然灾害时，驾驶员应及时选择安全地点停车。地震时不要在变压器、电线杆、路灯、广告牌、吊车、高层建筑物（如烟囱、水塔、立交桥、楼房、过街天桥等）下停车，并尽量避开山坡、山崖等环境。

（2）稳定人员情绪。当突然遇到自然灾害时，驾驶员一定要先安抚其他人员，不要让其他人员盲目逃生，要让其他人员保持冷静，听从安排。

（3）有序逃生。当遇到突发自然灾害时，驾驶员应组织人员有序逃生。遇泥石流、山洪暴发时，驾驶员应组织车上人员往泥石流的两侧跑，要尽量往地势比较高的地段躲避，等待救援。注意逃生时不要携带重物。

（六）遭遇恐怖袭击时的应急处置

遭遇恐怖袭击是指车辆遭遇抢劫、劫持的现象。在离市区较远的道路上行驶，可能会遇到抢劫或劫持等恐怖事件。货车遭遇恐怖事件时，如果驾驶员处理不当，易使自身陷入危险，或使货物面临损失。

（1）实施自救，随机应变。驾驶员、车内人员应尽可能通过各种方式将危险信息传递出去，如通报监控中心或用短信方式向亲属、朋友求助，让其尽快报警。报警时应尽可能向警方说明我方的详细信息、恐怖分子的详细信息，以及现场有无可以利用的有利条件。驾驶员应根据事态发展决定是紧闭车门，截断不法分子的逃生之路，还是打开车门化解险情。

（2）与罪犯周旋。驾驶员、车内人员应尽量准确记下罪犯的相貌特征，方便事后报案，还应在不死人、不伤人的前提下与不法分子谈判、周旋。

（3）稳定人员情绪。驾驶员应根据具体情况设法稳定车内人员的情绪，防止车内人员情绪失控，与劫匪发生冲突。

（4）在车上遇到恐怖分子枪击时，要迅速低头隐蔽于前排座椅后或蹲下、趴下。找机会拨打110报警电话报警，讲明具体位置，受到哪个方向的枪击，是否有人受伤等。确定枪击方向后，下车沿着枪击相反方向，利用车体作掩护快速撤离。在情况不明时，不要下车。到达安全区域后，若发现有人员受伤，及时实施自救互救。

（5）积极向警方提供现场信息，协助警方控制局面。

💡 **温馨提示**

短信报警

中国移动、中国联通、中国电信移动用户通过移动电话编写短信发送到公安机关报案的方式称为短信报警。

公安部已与相关部门确定将"12110"作为全国公安机关统一的公益性短信报警号码，全国已经使用和正在建设短信报警的60多个地、县级市及更多地区将陆续启用全国统一短信报警号码，各地原有短信报警号码将陆续调整为全国统一短信报警号码12110。

报警人应尽可能简要、准确地写明事件性质、地点和时间等要素，以方便警方准确、快速实施救援。如遭遇劫持，可编辑"现×区×街×车×人遭×名劫匪劫持"进行短信报警。

（七）驾驶员或车内人员突发疾病时的应急处置

1.驾驶员突发疾病

驾驶员常见的突发疾病类型和症状包括心肌梗死、心绞痛、冠心病、房颤（心力衰竭）或中暑等。

驾驶员突发疾病时，如果出现剧烈的疼痛或晕厥，可能会无法正常驾驶车辆，导致与其他车辆或固定物发生相撞事故，也有可能偏离正常的行驶路线而与路边的行人、非机动车发生碰撞。若此时车辆正行驶在危险路段，如盘山公路、高架桥等，易使车辆直接翻入沟中或坠到崖下，发生极其严重的交通事故。

驾驶员在感到身体不适时，应立即开启危险报警闪光灯警示其他车辆，降低车速，选择安全地带停车，告知车内人员原因，打开车门疏散车内人员。驾驶员在有知觉的情况下，应及时采取自救措施，服用随身携带的药品，缓解不适感，并向公安机关交通管理部门报警，同时向车队管理人员报告，告知自己的身体状况及车辆停放位置，请求救助。此时也可向车内人员求助，如果车内人员懂得急救，则可对患病驾驶员采取紧急救助措施，为后续救援争取时间。如果病情严重，应立即拨打120急救电话求救。

2. 车内人员突发疾病

若车内人员突发疾病，驾驶员确认病症后，及时检查其身上是否携带急救药物，并尽快帮助其服下。当发现车内人员没有随身携带药物时，应直接拨打120急救电话求救，或将患病人员送往医院。在高速公路等特殊路段遇车内人员突发疾病时，驾驶员可以与附近巡逻的公安交警联系，由公安交警负责和相关部门或机构联系，为救人开辟特殊通道。

二、事故现场应急处置

（一）事故报告和现场处置

（1）报告事故。驾驶员在运输过程中发生事故，应视情况报警，并如实向有关单位和部门报告，不得隐瞒交通事故真实情况，更不得肇事后逃逸。报警时应向警方说明报警人的姓名、联系方式，事故的时间、地点，是否有人员伤亡，以及事故车及肇事车的详细情况，例如是否载有危险品，危险品是何种类型等。当现场有人受伤时，应立即拨打120急救电话。

（2）疏散车上人员。立即将车上人员转移到路面以外的安全地带，尽量减少人员在路面的停留时间。疏散车上人员时注意维持秩序，切忌慌乱。

（3）保护现场。注意保护现场，不破坏、伪造现场，同时制止他人破坏、伪造现场。需要变动事故现场时，应当标记被移动的伤员、车辆、物品等的原始位置或进行拍照。当遇到下雨、下雪或刮风等情况，可能对现场造成破坏时，可用苫布等物品将现场的车痕、制动印痕、血迹等遮盖起来。

（二）事故现场自救与互救原则

（1）抢救伤员时，先救命，后治伤。

（2）当有多名伤员需送往医院时，处于昏迷状态的伤员首先送往医院，其他轻伤伤员最后送往医院。

（3）受伤者在车内无法自行下车时，要特别注意避免二次受伤。

（4）当伤者被压于车轮或货物下时，设法移动车辆或搬掉货物，根据伤势采取相应的救护方法，切忌拉拽伤者的肢体。

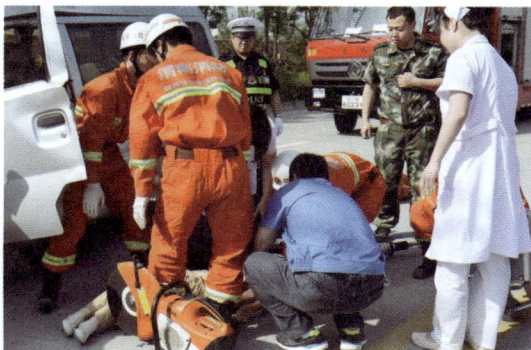

（三）事故现场危重伤员的应急救治措施

1. 对骨折伤员的处置

（1）不要移动骨折伤员的骨折部位，以防伤员因疼痛而休克，对于有可能是脊柱损伤的伤员，一定不要改变其姿势。

（2）关节损伤（扭伤、脱臼、骨折）的伤员，应避免活动，不要改变损伤瞬间的位置、姿势，更不能自行复位，要用医用纱布小心包扎，按照骨折的状态保持静止。

（3）当伤员骨折处有出血时，应先止血和消毒包扎伤口，然后固定。当大腿、小腿和脊椎骨折时，一般应就地固定。

（4）在将骨折伤员抬上担架时，要遵照医护人员的指导：3名救护人员把手放在伤员身下，统一行动，一定要同时抬起伤员躯干，轻轻放到担架上。

2. 对昏迷不醒伤员的抢救

产生昏迷不醒的原因有缺氧、中毒、中暑、暴力刺激大脑等。失去知觉的伤员是不会讲话的，在抢救之前要先检查伤者呼吸情况，并保持伤者侧卧姿势。

3. 对呼吸中断伤员的抢救

呼吸中断者的症状表现为无呼吸声音和无呼吸运动。伤员呼吸中断后，应立即进行抢救，否则可能因缺氧而危及生命。

在抢救呼吸中断伤员时，要抬起下颌，使呼吸道畅通。如果受伤者仍不能呼吸，检查嘴和咽喉中是否有异物，并设法排除，进行口对口人工呼吸。

4. 对失血伤员的抢救

如果受伤者失血过多，可能会出现休克等症状，危及生命。可通过外部压力，使伤口流血止住，然后系上绷带。止血后，采取一些防止休克的措施。

5. 对中毒伤员的抢救

（1）为防止继续中毒，应迅速将中毒的伤员送到有新鲜空气的地方。

（2）要让昏迷不醒的中毒伤员保持侧卧位。

（3）反复检查呼吸和脉搏，呼吸停止时，应进行适当的人工呼吸。

6. 对烧伤伤员的抢救

烧伤伤员的症状为：皮肤发红、起泡、感觉疼痛。内部组织受损的烧伤可引起呼吸困难、休克、烧伤性疾病。对烧伤伤员应采取下列急救措施。

（1）迅速扑灭衣服上的火焰或脱掉烧着的衣服。

（2）全身燃烧时，可向身上喷冷水。

（3）用消毒过的绷带包扎伤口。

（4）防止热损耗，可饮用盐水（一杯水中放一匙食盐）。

（5）不可使用粉剂、油剂、油膏或油等敷料。

（6）脸部烧伤时，不要用水冲洗，也不要覆盖。

（7）反复检查呼吸和脉搏，防止休克。

7. 对头部受伤伤员的救护

（1）当伤员神志清醒，呼吸脉搏正常，损伤不严重时，可进行伤口止血，包扎处理后，扶伤员靠墙或树旁坐下，找一块垫子将头和肩垫好；若伤员出现昏迷，要保持呼吸道畅通，并密切注意伤员呼吸和脉搏。

（2）在救护转移时，护送人员扶置伤者呈半侧卧状，头部用衣物垫好，略加固定再转移。

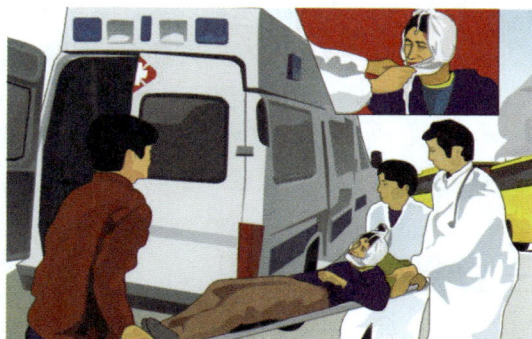

8. 对休克伤员的抢救

休克的症状表现为：面色苍白、四肢发凉、额部出汗、口吐白沫、显著焦躁不安，脉搏跳动变得越来越快和虚弱，最后脉搏几乎摸不出来。这些症状有时会部分出现，有时又会同时出现。

伤员出现休克时应及时采取下列措施。

（1）将伤员安置到安静的环境中。

（2）将伤员头、躯干、下肢抬高呈中凹卧位，以增加回心血量。

（3）采取保暖措施，防止热损耗。

（4）反复检查呼吸和脉搏。

（5）呼救，送往医院。

脉搏检查

呼吸检查

第三节	典型道路运输事故案例分析

每一起事故都是血和生命换来的教训。我们不仅要从事故中吸取经验教训，也要通过剖析这些事故，强化安全意识，防患未然。

一、案例分析（单选题，选项省略不列出）

1.货运驾驶员驾驶货车以70 km/h的速度通过山区弯道时，车辆失控冲出路面撞上路边土包，导致车头严重变形，驾驶员被困驾驶室。造成这起事故的主要原因是什么？（提示：驾驶员超速）

2.高速公路前方发生了碰撞事故，货运驾驶员驾驶货车经过事故现场时看热闹，没注

意前方路况，一眨眼的工夫连撞了3辆车。造成这起事故的原因是什么？（提示：驾驶员注意力分散）

3.货运驾驶员驾驶货车在隧道内借道超车时，与迎面驶来的小客车碰撞，导致人员伤亡。造成这起事故的直接原因是什么？（提示：货运驾驶员隧道内违法超车）

4.凌晨，一辆货车在无人看守的铁路道口与一列火车相撞，导致货车驾驶员受伤，火车脱轨。道口处设有安全警示，火车经过时也会鸣笛，但货车驾驶员仍然抢道行驶，导致事故发生。吸取这起事故的教训，驾驶员通过无人看守的铁路道口时应该怎么做？（提示：一停、二看、三通过）

二、案例分析（多选题）

1.覃某驾驶大货车通过十字路口时，因不熟悉道路，在路口内直行10余米后，他发现应该在这个路口右转，随即草率地打转向盘右转，与同向直行的电动车发生碰撞，导致人员伤亡。造成这起事故的原因有哪些？（答案：ABC）

A.覃某不熟悉运输路线　　　　　　　　B.覃某在十字路口内违法转弯

C.覃某行车中不注意观察路况　　　　　D.电动车驾驶员违法行驶

2.赵某驾驶大货车在高速公路上行驶时，车辆突然出现故障，他靠边停车检查，但没有采取警示措施，随后后方一辆货车撞了上来，导致两车受损。造成这起事故的原因有哪些？（答案：BC）

A.赵某疲劳驾驶　　　　　　　　　　　B.赵某未采取警示其他车辆的措施

C.后车驾驶员未仔细观察路况　　　　　D.后车驾驶员超速行驶

3.李某发现半挂车制动有问题，告知了车主，但车主并未进行检修。数天后，李某驾驶这辆半挂车运输起重机部件（货物超载且捆绑固定存在隐患）在高速公路上行驶，行经一处17 km的长下坡路段时，李某频繁进行行车制动减速，加上车辆制动本身有问题，导致车辆制动失灵，之后途经4处避险车道，但李某并未采取紧急避险措施，失控的半挂车疾驰至收费广场附近后与多车发生碰撞，造成多人伤亡，多车受损。造成这起事故的原因有哪些？（答案：ABCD）

A.明知车辆故障还上路行驶　　　　　　B.车辆超载，货物捆绑不良

C.李某下长坡减速操作不当　　　　　　D.李某未采取紧急避险措施

4.一辆货车在高速公路上行驶，驾驶员突然发现前方路面上有异物，但已经避让不及，货车撞上异物后侧翻。如果你是这位驾驶员，应该如何避免类似事故？（答案：ABCD）

A.保持15 s以上的观望距离　　　　　　B.车速较低时转向避让同时减速

C.车速较高时不能转向避让　　　　　　D.碰撞不可避免时尽量减速降低撞击力

5.一辆重型半挂车在十字路口等红灯，一辆电动车斜插至半挂车右前侧，此时绿灯亮了，半挂车起步，随即撞倒并辗轧电动车，造成电动车驾驶员当场死亡，乘客受伤。造成这起事故的原因有哪些？（答案：BD）

A.半挂车闯红灯　　　　　　　　　　　B.半挂车起步前没有仔细观察

C.电动车超速　　　　　　　　　　　　D.电动车不按车道行驶

6.一辆重型货车与一辆小型客车相向同时接近乡村弯道,两车车速都较快,在转弯处会车时因避让不及碰撞在一起。如果你是这位货车驾驶员,通过弯道时应该如何安全会车?(答案:ABD)

A.不越过道路中心线　　　　　　　　B.合理控制车速

C.减小横向距离　　　　　　　　　　D.注意对向盲区是否有车,适时鸣喇叭

7.一辆重型半挂车在驶近十字路口时,驾驶员发现信号灯变为红灯,但他并未减速,而是继续行驶进入路口内,随后拦腰撞上交叉方向上正常通过路口的公交车,造成人员伤亡。吸取这起事故的教训,驾驶员应如何通过十字路口?(答案:ABC)

A.提前减速,观察路况　　　　　　　B.红灯亮时应停车等待

C.观察是否有违法通行的人和车　　　D.绿灯亮时可以放松警惕

8.一辆大客车在站外招揽乘客后驶入高速公路,连续行驶6个小时后,客车突然穿越中央隔离带进入对向车道,与一辆运输环己酮的半挂车发生碰撞,导致多人伤亡、半挂车运载的环己酮泄漏。经调查发现,半挂车所属危险货物运输企业并没有运输环己酮的资质。这起事故中有哪些违法行为?(答案:ABC)

A.大客车站外揽客　　　　　　　　　B.大客车疲劳驾驶

C.半挂车超越许可范围运输危险货物　D.半挂车超速行驶

9.雨天,刘某驾驶一辆空载重型半挂车以93 km/h左右的速度在湿滑的高速公路上行驶,制动时牵引车(第一轴制动气管未连接)侧滑,挂车(长30.55 m、宽2.525 m、高4.1 m)由于制动滞后继续向前,牵引车和挂车弯折,车辆失控冲破中央隔离护栏驶入对向车道,与对向三辆小客车发生碰撞,导致多人伤亡。造成这起事故的直接原因有哪些?(答案:ABC)

A.牵引车不符合技术条件　　　　　　B.挂车外廓尺寸超过规定限值

C.刘某雨天超速行驶　　　　　　　　D.小客车雨天超速行驶

10.夜间,刘某驾驶货车在无照明路段不慎撞到路边花坛,导致车辆受损,刘某自己受伤。如果你是刘某,夜间通过无照明路段时应该怎么做?(答案:ABD)

A.降低车速　　　　　　　　　　　　B.正确使用灯光

C.会车、跟车时持续使用远光灯　　　D.注意观察人、车、物及道路情况

11.陈某驾驶货车跟车行驶,看到前车示意左转时,他认为来得及超越前车,于是穿越双实线占用对向车道超车,结果与前车相撞。如果你是陈某,应该如何安全超车?(答案:ACD)

A.超车前全面观察路况　　　　　　　B.前车左转时从右侧超车

C.前车正在左转时放弃超车　　　　　D.不可跨越双实线超车

12.大货车驾驶员看到前车减速,便向右侧变更车道,没有发现右侧盲区内正好有一辆小客车,导致两车碰撞。吸取这起事故的教训,变更车道时应该怎么做?(答案:BCD)

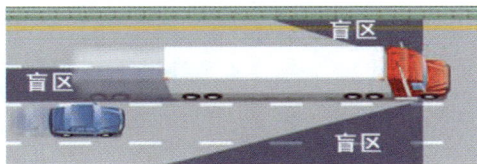

A.开启转向灯后迅速变更车道

B.仔细观察，确保安全后再进行后续操作

C.提前开启转向灯提醒其他车辆

D.注意盲区内是否有车辆行驶

13.一辆货车在右转弯时将一辆电动车卷入车底，造成骑车人当场死亡。货车驾驶员直行时观察过右方没有车，等到右转时就只观察了前方和左侧，忽视了右方。为了避免类似事故，转弯时应该怎么做？（答案：ABC）

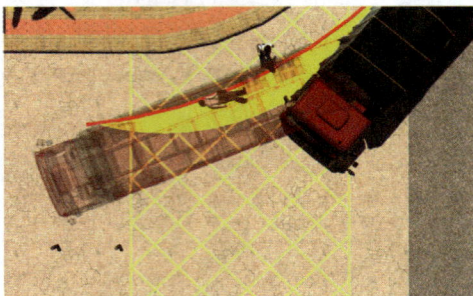

A.提前降低车速   B.全面观察路况

C.注意内外轮差   D.迫使其他车辆避让

14.夜间，一辆故障货车停在照明不良的路边，没有任何灯光、警示标志，唐某骑电动车经过时撞上了货车，最后因伤重不治死亡。吸取这起事故的教训，夜间在路边临时停车时应该怎么做？（答案：BCD）

A.可以随时随地停车   B.选择安全的停车地点

C.开启危险报警闪光灯、示廓灯 D.按规定放置警告标志

第八章

应用能力考核技巧

针对驾驶和运输方面的应用能力，理论知识考核的形式难以发挥作用，故设置了与之相适应的实操考核形式。在考核中，学员根据考核流程和标准进行操作，考核员现场提问、考查，判断学员是否达到操作要求、符合操作标准，进而测试出学员的实际应用能力。学员要做的是熟知考核流程和标准，掌握一些技巧，提高实操能力。

第一节 | 常见故障点位和安全隐患

车辆安全检视是应用能力考核的重要考核项目。确保车辆安全检视不失分、少丢分，可大幅提高应用能力考核的通过率。下面总结各地驾校在车辆安全检视这块常常会设置的故障点位和安全隐患，以便学员进行有针对性的训练（请记住一点，考核用车是固定资产，是不可能进行大的人为破坏的，只会在小件或表面进行小幅度改动）。

一、车辆外观

项　　目	故障/安全隐患	话　　术
轮胎	气压不足	轮胎气压不符合额定气压，需要补气
	磨损严重	轮胎磨损严重，胎冠花纹深度不满足要求
风窗玻璃	表面脏、污	风窗玻璃脏、污，需要清洁
车灯和反光标志	表面脏、污	车灯/反光标志脏、污，需要清洁
外后视镜	表面脏、污	外后视镜脏、污，需要清洁
	角度调节不当	外后视镜角度调节不当，无法正常观察
备胎	气压不足	备胎气压不符合额定气压，需要补气
号牌	表面脏、污	号牌表面脏、污，需要清洁
	支架有松动	号牌支架有松动，需要紧固
车厢栏板	侧栏板或后栏板未牢固锁止	侧栏板/后栏板未牢固锁止，存在安全隐患

项　　目	故障/安全隐患	话　　术
后下部防护装置	防护件松动	防护件有松动，需要紧固
侧防护装置	防护件松动	防护件有松动，需要紧固

二、发动机舱

项　　目	故障/安全隐患	话　　术
润滑油	油液不足	润滑油/冷却液/风窗玻璃清洗液/制动液不足，需要补充
冷却液		
风窗玻璃清洗液		
制动液		
风扇皮带	皮带松动	风扇皮带/传动皮带松动，需要拉紧或更换
传动皮带		

三、驾驶室内部

项　　目	故障/安全隐患	话　　术
安全带	磨损严重、损坏	安全带磨损严重/损坏，无法正常使用
内后视镜	角度调节不当	内后视镜角度调节不当，无法正常观察（顺手调节好）
安全设施及装置	灭火器未放置在固定位置	灭火器未放置在固定位置
驾驶舱上方	放置有纸张、卡片	存在有阻碍视线的物品，需要移除（顺手移除）

第二节　｜　轮胎更换关键步骤

　　轮胎更换倒不是很难，只是比较费时费力，尤其是夏天和冬天。学员需要牢记关键步骤，按步骤大胆操作，尽量避免被扣分。

（1）用胎压计检查后轮外侧轮胎气压

（2）在其余前后轮下加止轮器

（3）拆卸备胎

（4）按顺序旋松后轮胎螺母

（5）用千斤顶顶起后轮

（6）旋下螺母，卸下轮胎

（7）安装备胎

（8）按螺母紧固顺序预紧固轮胎螺母

（9）放下千斤顶，紧固所有螺母至规定扭矩

（10）将替换下的损坏轮胎固定到备胎架上

第三节 | 失分点解析

　　学员需要记住，应用能力考核满分为100分，成绩达到80分及以上为合格。也就是说，学员只有20分可以用来扣除，否则就是考核不合格。为此，教材编写组结合各地考核情况，专门归纳总结了一些失分点，供学员参考借鉴。

应用能力考核失分点

项　目	操作环节	失　分　点
车辆安全检视	轮胎检查	轮胎通常有一个磨损严重，未能检查出来
	前桥、后桥、悬架、传动轴等不易观察部位的检查	不能使用检车锤敲击进行检查
	车厢栏板检查	侧栏板或后栏板未牢固锁止，未能检查出来
	润滑油检查	油迹在下标线下方位置，未能检查出润滑油不足
	驾驶室内部检查	驾驶舱上方放置有纸张、卡片等阻碍视线的物品，未能发现
轮胎更换	放置警告标志牌	未能在车后合适位置放置警告标志牌
	检查气压值	未能正确使用胎压计、读出胎压值
	前后轮加固	未能在其余前后轮下加止轮器
	紧固轮胎螺母	未能对角紧固螺母，未说明轮胎螺母安装紧固，未能口头表述：轮胎气压符合标准、两个气门嘴成180°、内外轮胎通风口对齐、螺母斜面与轮胎斜面紧密结合

附录A 《道路货物运输驾驶员培训教学大纲》标注"*"部分与教材对应章节一览表

教学项目		教学内容	对应教学目标	对应章节
第一部分 道路交通安全法律、法规和相关知识	1.法律、法规及道路交通信号	机动车驾驶证和从业资格证件的申领与使用	掌握从业资格申请程序、条件、证件使用的相关规定	第一章第七节
		驾驶与从业行为	熟练掌握法律法规中有关从业行为的规定和要求； 掌握超限运输、货物装载有关要求； 掌握道路货物运输驾驶员诚信考核、继续教育的有关规定	第一章第四、五、七节
		从业人员权利、义务	掌握道路货物运输驾驶员在运输经营、安全生产、应对恐怖事件等方面的权利和义务	第一章第一、三、四节
		道路货物运输经营	掌握货物运输经营的有关规定； 掌握大件运输相关规定； 了解道路危险货物运输的从业资格要求	第一章第四、五、八节
		违法行为处罚	熟悉道路货物运输违法行为情形	第一章
	2.机动车基本知识	车辆结构常识	了解道路运输车辆改装相关知识	第二章第一节
		车辆主要安全装置	掌握道路货物运输车辆的安全防护装置知识	
		车辆运行材料	了解轮胎使用寿命的影响因素	第二章第二节
	3.道路货物运输相关知识	道路货物运输基本知识	了解货物运输的特点及分类； 了解货物运输车辆主要类型与技术特点	第三章第一、二、三节
		货物装载知识	熟知货物装载质量、顺序及拼装配载要求； 熟知常见货物捆扎、固定等方法及货物包装储运图示标志； 掌握运输途中货物装载检查方法	第三章第四节
第二部分 基础和场地驾驶	1.基础驾驶	车辆安全检视	掌握出车前车辆外观、发动机舱的正确检视方法； 掌握行车中、收车后车辆安全检视内容和方法	第四章
		轮胎更换	掌握车辆后轮外侧轮胎的拆卸、安装方法； 掌握千斤顶的使用方法	第五章

教学项目		教学内容	对应教学目标	对应章节
第四部分 安全文明驾驶常识	1.安全、文明驾驶知识	职业道德与身心健康	掌握道路货物运输驾驶员的职业道德;了解道路货物运输驾驶员心理健康与调节	第六章
	4.危险源辨识与防御性驾驶	危险源辨识与防御性驾驶	掌握不同行驶状态下危险源辨识与防御性驾驶方法;掌握典型道路环境下危险源辨识与防御性驾驶方法	第七章第一节
	5.紧急情况应急处置知识	紧急情况临危处置	掌握发生火灾、爆炸等情况的应急处置方法;掌握突遇自然灾害的应急处置方法;掌握应对恐怖袭击等的处置方法	第七章第二节

教学大纲 + 考题讲解